Oscar Hertwig

Zeit- und Streitfragen der Biologie

Band 1

DOGMA

Oscar Hertwig

Zeit- und Streitfragen der Biologie

Band 1

ISBN/EAN: 9783955078225

Auflage: 1

Erscheinungsjahr: 2013

Erscheinungsort: Bremen, Deutschland

Zeit- und Streitfragen

der

Biologie.

Von

Professor **Dr. Oscar Hertwig,**

Director des zweiten anatomischen Instituts der Universität Berlin.

> „Die Wissenschaft begeht einen Selbst-
> mord, sobald sie sich einem Glauben in
> die Arme wirft."   Huxley.

Heft 1.

Präformation oder Epigenese?

Grundzüge einer Entwicklungstheorie
der Organismen.

Inhaltsverzeichniss.

Was ist Entwicklung? Ist sie Präformation oder Epigenese? — Diese inhaltsschwere Frage ist auf biologischem Gebiet seit Kurzem wieder eine rechte Zeit- und Streitfrage geworden. Ganz entgegengesetzte Lehren sind in den letzten Jahren aufgestellt worden, um den Process zu erklären, durch welchen das befruchtete Ei, eine anscheinend einfache Anlage, den entwickelten, oft unendlich zusammengesetzten Organismus hervorbringt, der wieder die Fähigkeit hat, neue Anlagen zu erzeugen derjenigen gleich, aus welcher er entstanden ist.

Schon in früheren Jahrhunderten haben die jetzt wieder zu Tage getretenen Gegensätze bestanden, bekannt in der Geschichte der Wissenschaften als die Theorie der Präformation oder Evolution und als die Theorie der Epigenese. Die grossen Naturforscher des 17ten und 18ten Jahrhunderts waren ihrer Mehrzahl nach entschiedene Evolutionisten, was nach dem damaligen Zustand des thatsächlichen Wissens leicht erklärlich ist. Denn sie kannten von dem Entwicklungsprocesse eines Organismus nur die äusserlichsten Merkmale; sie sahen nur den Embryo zum ausgebildeten Geschöpf, die Knospe zur Blüthe heranwachsen, bei welchem Process kleinere Theile auf dem Wege der Ernährung in grössere Theile umgewandelt werden. Daher hielten sie den Entwicklungsprocess überhaupt für nichts Anderes als für einen einfachen Wachsthumsprocess durch Ernährung. So wandelte sich für ihr geistiges Auge der Keim oder die Anlage eines Geschöpfes in das ausserordentlich verkleinerte Abbild desselben um, welches zu seiner Entwicklung nur der Ernährung und des Wachsthums bedurfte. Dass unser leibliches Auge aber dieses Miniaturbild nicht zu erkennen im Stande ist, wurde auf die Unvollkommenheit unserer Sinnesorgane, auf die ausserordentliche Kleinheit des Gegenstandes und auf eine mit der Kleinheit seiner Theile zusammenhängende Durchsichtigkeit derselben zurückgeführt.

Da unser Causalitätsbedürfniss auch auf die Frage nach der Entstehung des kleinen Miniaturbildes eine Antwort verlangt, so musste die Präformationstheorie eine solche in ihrer Weise zu geben versuchen. Die Naturforschung hatte damals den Irrthum der Urzeugung (die Entstehung von Fliegen aus faulenden Substanzen etc.) nachgewiesen und an seine Stelle die Lehre von der Continuität der Entwicklung der Organismen, vertreten in dem Satz, omne vivum e vivo oder omne vivum ex ovo, gesetzt. Ein Geschöpf geht aus dem anderen, in dem es als Keim angelegt ist, in unendlicher Reihenfolge hervor. So wurde die weitere Consequenz der Präformationstheorie die Einschachtelungslehre. Die Entstehung des Lebens wurde an den Anfang der Erschaffung der Welt verlegt, sie wurde zum Werk eines ausserweltlichen Schöpfers, der mit den ersten Geschöpfen gleich auch die Keime aller folgenden geschaffen und in sie eingeschlossen hat.

Wenn man die Präformationstheorie und insbesondere die „Lehre von den eingewickelten Keimen" in gerechter Weise beurtheilen will, so darf man zum Maassstab der

Kritik nicht den Stand unseres augenblicklichen Wissens machen, sondern muss sie im Lichte der ihr zugehörigen Epoche, also historisch, zu verstehen suchen.

Was uns jetzt bei der „Lehre von den eingewickelten Keimen" so anstössig erscheint, liegt weniger auf dem Gebiete der reinen Vernunft, als auf dem Gebiete der veränderten naturwissenschaftlichen Erfahrung und der durch sie reformirten Ideenwelt. Für die Vernunft an sich giebt es keine Grenze im Kleinen wie im Grossen, wie denn auch die Mathematik diese Grenzen nicht kennt. So lange wir aber für das Kleine im besonderen Falle keine aus der Erfahrung genommene Grenze setzen können, stösst auch die Lehre von den „eingewickelten Keimen" „rein logisch" auf keine Schwierigkeiten. Der Naturwissenschaft des vorigen Jahrhunderts fehlte aber noch jeder aus der Erfahrung genommene Maassstab. Was ihr als eine einfache organische Substanz erschien, können wir jetzt in Millionen von Zellen und diese wieder in viele chemische Stoffe zerlegen. Die chemischen Stoffe werden dann wieder in ihre Elemente analysirt, und für die Molecüle derselben sind Chemie und Physik im Stande, uns gewisse Raumgrössen auszurechnen. Indem auf Grund dieses Erfahrungsschatzes das Maass des Kleinen sich nicht mehr willkürlich bestimmen lässt, wird erst die Einschachtelungstheorie ad absurdum geführt.

Wie wäre es auch sonst anders zu verstehen, dass die scharfsinnigsten Naturforscher und Philosophen Evolutionisten waren, und dass neben der Präformationstheorie mit ihrer anscheinend logischen Folgerichtigkeit eine epigenetische Auffassung des Entwicklungsprocesses keinen Boden fassen wollte?

Wolff's Theoria generationis fand bei seinen Zeit-

genossen keinen Glauben, weil er dem in sich geschlossenen
System der Evolutionisten nur einzelne Thatsachen der Erfahrung, über deren richtige Auffassung sich streiten liess,
entgegenstellen konnte, und weil überhaupt in seiner Zeit
bei dem embryonenhaften Zustand der naturwissenschaftlichen Forschungsmethoden das begriffliche vor dem anschaulichen Denken im Vortheil war. Um so höher ist
seine That zu schätzen, als ein Protest des anschaulichen
gegenüber dem mehr begrifflichen und zum Dogma erhobenen Denken. An der Hand der Erfahrung sucht Wolff
den Trugschluss der Präformation, dass im Keim der
Organismus schon fertig vorgebildet sei, aufzudecken und
dann zu beweisen, dass jede Entwicklung auf Neubildung
oder Epigenesis beruhe, dass der Keim aus einer organischen, structurlosen Substanz bestehe, welche erst durch
den Entwicklungsprocess allmählich organisirt oder formirt
werde, und dass die Natur wirklich im Stande sei, allein
durch die ihr innewohnenden Kräfte einen Organismus aus
einer structurlosen Substanz zu produciren.

Interessant ist, wie Wolff[1]) in poetischen Worten das
Wesen der Präformation und Epigenese einander gegenüber-
stellt. „Sie werden sich noch erinnern," heisst es beim
zweiten Beweis der Unwahrscheinlichkeit der Präformation,
„dass eine Evolution ein Phänomen war, welches seinem
Wesen nach gleich bei der Schöpfung von Gott erschaffen,
aber in einem unsichtbaren Zustande erschaffen wurde,
eine Zeit lang unsichtbar blieb und alsdann sichtbar wurde.
Sie sehen bald, ein „entwickeltes" Phänomen ist ein Wunder-
werk, welches von den gemeinen Wunderwerken nur darin
unterschieden ist, dass es erstlich zur Zeit der Schöpfung
schon von Gott producirt ist, zweitens, dass es eine Zeit
lang, ehe es zum Vorschein gekommen, unsichtbar ge-

blieben ist. Alle organischen Körper sind also wahre Arten von Wunderwerken. Allein wie sehr ändert sich nicht dadurch der Begriff, den wir von der gegenwärtigen Natur haben, und wie viel verliert er nicht von seiner Schönheit! Bishero war sie eine lebendige Natur, die durch ihre eigenen Kräfte unendliche Veränderungen herfürbrachte. Jetzo ist sie ein Werk, welches nur Veränderungen herfürzubringen scheint, in der That aber und dem Wesen nach unverändert so liegen bleibt, wie es gebauet war, ausser, dass es allmählich immer mehr und mehr abgenutzt wird. Zuvor war sie eine Natur, die sich selbst destruirte und sich selbst von Neuem wieder schuf, um dadurch unendliche Veränderungen herfürzubringen und sich immer wieder auf einer neuen Seite zu zeigen. Jetzo ist sie eine leblose Masse, von der ein Stück nach dem anderen herunterfällt, so lange bis der Kram ein Ende hat."

Wer jetzt freilich in Wolff's Theoria generationis eine Antwort auf die Frage erwartet, mit welchen Mitteln oder Kräften die Natur die organischen Formen bildet, wird dieselbe vergeblich suchen. Denn was ist die Vis essentialis, mit welcher Wolff die sich gestaltende, organische Substanz ausstattet, oder der später von Blumenbach in die Wissenschaft eingeführte Nisus formativus oder Bildungstrieb anders als ein leeres Wort für eine Sache, die man zwar gern mit dem Denken begreifen wollte, aber zur Zeit nicht begreifen konnte? Wolff's Epigenesis hat überhaupt nicht die Bedeutung einer in sich abgeschlossenen Theorie, was sie ihrer ganzen Grundlage nach nicht sein konnte. Denn die Erforschung der Kräfte, durch welche die Natur den organischen Entwicklungsprocess in's Werk setzt, kann nur Schritt für Schritt und langsam vorwärtsschreiten; sie wird noch für lange Zeit die vornehmste Aufgabe aller biologischen Wissenschaften bilden. Die Theorie der Epigenese will auf dem Wege der Erfahrung durch Naturforschung mit einem Inhalt, der sich immer reicher gestaltet, versehen werden, kann aber nicht wie die Theorie der Präformation ein in sich abgeschlossenes System darstellen.

Die Bedeutung von Wolff's Lehre beruht daher meiner Auffassung nach hauptsächlich in der Verneinung der rein formalen Theorie der Präformation unter Berufung auf die durch anschauliches Denken gewonnenen, ihr widersprechenden Erfahrungen. Damit hat Wolff die eine unbefangene Forschung einengenden Schranken beseitigt und den für die Naturwissenschaft allein möglichen Weg der Erkenntniss betreten, auf welchem die biologische Wissenschaft in unserem Jahrhundert ihre grossen Erfolge erreicht hat.

Ausgerüstet mit ungleich reicheren Kenntnissen und mit feineren Untersuchungsmethoden als vor 100 Jahren, sehen heute die Naturforscher das Problem der organischen Entwicklung an. Trotzdem spielen auch jetzt noch ähnliche Gegensätze wie ehedem, nur zeitgemäss umgeändert, in unser Denken hinein bei der Erörterung der Frage, was das eigentliche Wesen des organischen Entwicklungsprocesses ist, und in welchem ursächlichen Verhältniss Anlage und Anlageproduct und umgekehrt zu einander stehen.

In zutreffender Weise hat Roux[2]) die gegensätzliche Auffassung, die man auch jetzt noch mit dem Begriff der Entwicklung verbinden kann, und die in früherer Zeit in der Theorie der Präformation und der Epigenese ihren Ausdruck gefunden hat, in seinen Beiträgen zur Entwicklungsmechanik des Embryo wieder auseinandergesetzt:

„Unter Entwicklung selber verstehen wir, den Begriff in seiner gewöhnlichen Bedeutung gefasst, das Entstehen von wahrnehmbarer Mannigfaltigkeit. In der Wahrnehmbarkeit der entstehenden Mannigfaltigkeit enthält dieser Begriff ein menschlich subjectives Moment, welches uns bezüglich weiterer Einsicht nöthigt, ihn selber in zwei verschiedene Theile zu zerlegen: in die wirkliche Production von Mannigfaltigkeit und in die blosse Umbildung von nicht wahrnehmbarer Mannigfaltigkeit in wahrnehmbare, sinnenfällige."

„Die so unterschiedenen beiden Arten von Entwicklung stehen in einem Verhältniss zu einander, welches an die alten Gegensätze der Epigenesis und der Evolution erinnert, also an die Alternative einer Zeit, in der es die Aufgabe und alleinige Möglichkeit war, zunächst die geformten Producte der Bildungsvorgänge, die äusserlich sichtbaren Formwandlungen, festzustellen. Bei dieser descriptiven Untersuchung der formalen Entwicklung trug die Epigenesis, die successive Bildung neuer Formen, den vollkommenen Sieg über die Evolution, über die blosse Wahrnehmbarwerdung von vornherein vorhandener Formeneinzelheiten davon."

„Bei einem tiefern Eindringen in die Bildungsvorgänge, dessen die causale Untersuchung benöthigt, werden wir indess von neuem vor die Alternative gestellt und zugleich veranlasst, sie in einer tieferen Bedeutung zu erfassen."

„Wenn hierbei die bisherigen Bezeichnungen beibehalten werden sollen, so bedeutet alsdann Epigenesis nicht bloss die Bildung mannigfacher Formen durch die Kräfte eines formal einfachen, aber vielleicht in seinem Inneren ausserordentlich complicirten Substrates, sondern die Neubildung von Mannigfaltigkeit im strengsten Sinne, die wirkliche Vermehrung der Mannigfaltigkeit. Evolution dagegen ist hiernach das blosse Wahrnehmbarwerden präexistirender, latenter Verschiedenheiten. Es ist klar, dass nach diesen allgemeineren Definitionen Vorgänge, welche der formalen Betrachtung als Epigenesis sich darstellen, in Wirklichkeit vorwiegend oder rein Evolutionen sein können; und wir erkennen demnach, dass wir bei dem beabsichtigten tieferen Eindringen in das Entwicklungsgeschehen aufs Neue vor die Frage gestellt werden: Ist die embryonale Entwicklung Epigenesis oder Evolution? Ist sie Neubildung von Mannigfaltigkeit oder Sichtbarwerden einer vorher für uns unsichtbaren Mannigfaltigkeit?"

So sehen wir denn in unseren Tagen sich die Forscher wieder, nachdem der Streit eine Zeit lang geruht hatte, in zwei Gruppen sondern, von denen die eine sich um die Fahne der Präformation, die andere um die Fahne der Epigenesis sammelt.

An der Spitze der ersteren hat die Führung Weismann übernommen, der sich seit einem Jahrzehnt als Theoretiker mit den hier einschlägigen Fragen unausgesetzt beschäftigt hat und jetzt in seinem Werk, das Keimplasma, seine vielfach modificirten Anschauungen[3]) zu einer einheitlichen Theorie zusammengefasst hat. Wie er jetzt unumwunden erklärt, ist er zu der Einsicht gelangt, dass es eine epigenetische Entwicklung überhaupt nicht geben kann. „Im ersten Capitel meines Buches," bemerkt er, „wird man einen förmlichen Beweis für die Wirklichkeit der Evolution finden, und zwar einen so einfachen und naheliegenden, dass ich heute kaum begreife, wie ich so lange an ihm vorübergehen konnte." Und an einer anderen Stelle heisst es: „Man wird wohl mit mir die Ueber-

zeugung gewinnen, dass die Ontogenese nur durch E v o -
l u t i o n, nicht durch E p i g e n e s e erklärt werden kann."

Der Denkprocess, der sich bei den Evolutionisten be-
wusster oder unbewusster Weise gewöhnlich abspielt und
ihr Endergebniss bedingt, ist für die Richtung ihrer Forschung bezeichnend. Von der Thatsache ausgehend, dass
durch den Keim oder die Anlage die Eigenschaften der
Eltern auf das Entwicklungsproduct bis in das kleinste Detail oft ausnahmslos vererbt werden, folgern sie, dass in
dem anscheinend gleichartigen Keime schon die bewirkenden
Ursachen für alle die aus ihm entstehende Mannigfaltigkeit
enthalten sein müsse, da die Entwicklung hauptsächlich auf
Selbstdifferenzirung beruhe. Folglich ist die sinnenfällige Einfachheit nichts Anderes als latente, durch den Entwicklungsprocess erst offenbar werdende Mannigfaltigkeit. Latente
Mannigfaltigkeit muss aber auch an ein körperliches Sub-
strat gebunden sein, an Stofftheilchen, für welche man die
verschiedensten Namen erfunden hat. Da man aus der sinn-
lichen Erfahrung über diese Theilchen, die wegen ihrer un-
endlichen Kleinheit für unser körperliches Auge unsichtbar
sind, nichts wissen kann, suchen die modernen Evoluti-
nisten dieselben mit den Augen des Geistes zu schauen, indem sie alle die sichtbaren Merkmale des ausgebildeten
Organismus auf die ungetheilte Eizelle reflectiren und so die
Dotterkugel mit einem System kleinster Theilchen bevölkern, die gröberen Theilchen des Organismus qualitativ
und auch in räumlicher Anordnung entsprechen sollen.

Mit einer wahren Virtuosität hat W e i s m a n n dieses Verfahren geübt, welches er gleichsam zu einer neuen, naturwissenschaftlichen Forschungsmethode ausgebildet hat. Hierfür ein Beispiel. „Es wäre unmöglich," heisst es in seinem
Keimplasma, „dass irgend eine kleine Stelle der Haut des

Menschen sich vom Keime aus, d. h. erblich und für sich
allein, verändern könnte, wenn nicht in der Keimsubstanz
ein wenn auch noch so kleines Lebenselement vorhanden
wäre, welches gerade dieser Hautstelle entspräche und dessen
Variation die der betreffenden Hautstelle nach sich zöge.
Verhielte es sich nicht so, so könnte es keine „Mutter-
mäler" geben."

Somit wären wir denn in etwas veränderter Weise wieder
auf dem Standpunkt der Evolutionisten des vorigen Jahrhunderts angelangt, nach welchem der Keim das ausserordentlich kleine Miniaturbild des ausgebildeten Geschöpfes
sein soll. In der That sehe ich von dieser alten Lehre den
Neuevolutionismus, wie ihn jetzt W e i s m a n n hauptsächlich
begründet hat, vorwiegend nur in zwei Punkten abweichen,
durch welche den Forschungsergebnissen unseres Jahrhunderts Rechnung getragen wird. Der eine Punkt betrifft das Lageverhältniss der Theile im entwickelten
und im latenten Zustand, für welches die alten Evolutionisten eine vollständige Identität behaupteten. Zwar
lässt Weismann auch seine zahllosen Keimtheilchen zu einer
festen Architektur von beinahe unfassbarer Complicirtheit
verbunden sein. Der Keim ist ihm ein unendlich fein zusammengesetzter Organismus, ein Mikrokosmus im wahren
Sinne, in welchem jeder selbstständig variable Theil, der in
der ganzen Ontogenese vorkommt, auch durch ein lebendes
Theilchen vertreten ist, und in welchem jedes dieser Theilchen seine bestimmte vererbte Lage, Zusammensetzung und
Vermehrungsgeschwindigkeit hat. Von der Beschaffenheit
dieser Theilchen lässt er die Beschaffenheit des correspondi-
renden Theils des fertigen Körpers, sei dieser eine Zelle
oder deren mehrere oder viele, abhängen.

Aber da während der Entwicklung die Theile des Em-

bryo vielfache, uns sichtbare Lageveränderungen und Metamorphosen erfahren, so sieht Weismann sich zu der Annahme gezwungen, dass der Keim als Mikroorganismus
kein einfaches Miniaturbild des fertigen Thieres sei, sondern
dass die kleinsten Theilchen in ihm ganz anders angeordnet
liegen, als die ihnen entsprechenden Körpertheile im fertigen
Thier.

Der zweite Punkt betrifft die Entstehung der Keime,
welche die alten Evolutionisten, um die Continuität der Entwicklung zu erklären, in einander geschachtelt sein liessen.
Diese Klippe umschifft zwar Weismann, indem er die Keime
für theilbar erklärt, aber uns den Beweis schuldig bleibt,
in wiefern eine Theilbarkeit bei der unfassbaren Complicirtheit der Architektur der fest unter einander verbundenen,
unendlich zahlreichen Theilchen überhaupt möglich ist.

Wenn in den beiden hervorgehobenen Punkten der neue
vom alten Evolutionismus abweicht, so scheint mir dagegen eine Gemeinsamkeit zwischen beiden in methodischer
Beziehung vorzuliegen, in der Art der Argumentation und
Schlussbildung. Indem die Naturforscher zum Zweck der
Befriedigung unseres Causalitätsbedürfnisses die sichtbare
Mannigfaltigkeit des fertigen Organismus in latente Mannigfaltigkeit des Keimes umwandeln und diese durch erfundene
Zeichen, durch mannigfaltige, zu einem System verbundene
kleinste Stofftheilchen auszudrücken versuchen, so schaffen
sie sich ein Phantasiegebilde, das zwar dem Zweck, zu dem
es erfunden ist, der Befriedigung des Causalitätsbedürfnisses, anscheinend genügt, sich aber, da es sich doch nur
um latente, vielleicht auch nur um eingebildete Mannigfaltigkeit handelt, der Controlle unseres anschaulichen
Denkens entzieht. Sie schaffen so unserem Causalitätsbedürfniss künstlich ein Ruhekissen, wie die Philosophen,

welche die Erschaffung der Welt durch ein ausserwelt-
liches Princip bewirkt werden lassen.

Aber dieses Ruhekissen ist für die forschende Wissenschaft ein gefährliches. Denn wer in der geschilderten
Weise auf dem Gebiete des Unsichtbaren baut, nimmt leicht
die für die latente Mannigfaltigkeit erfundenen, künst-
lichen Zeichen für wirkliche Bausteine, und er spinnt
sich unter Umständen in die Fäden seiner Ge-
dankenarbeit, die ihm so durchaus logisch erscheint, so fest ein, dass er schliesslich dieser
Arbeit seiner Vernunft mehr traut als der Natur
selbst.

„Es giebt eben noch andere Wege," erklärt Weismann
im Keimplasma, „um zu principiellen Anschauungen zu gelangen, als den Versuch, und nicht immer ist der Versuch
die sicherste Entscheidung, wenn er auch zuerst völlig
beweisend erscheint. Mir scheint, dass uns vorsichtige
Schlüsse aus den allgemeinen Vererbungsthatsachen hier
sicherer leiten, als die Ergebnisse solcher nie ganz reinen
und unzweifelhaften Versuche, so höchst werthvoll dieselben
auch sind, und so sehr sie mit in die Waagschaale zu legen
sind. Wenn man sich dessen erinnert, was in dem Abschnitt über die Architektur des Keimplasmas zur Begründung der Determinantenlehre gesagt wurde, so wird man
wohl mit mir die Ueberzeugung gewinnen, dass die Ontogenese nur durch Evolution, nicht durch Epigenese erklärt
werden kann."

Auf einem mehr epigenetischen Standpunkt stehend,
bin ich den evolutionistischen Lehren in ihren verschiedensten Modificationen schon seit vielen Jahren und häufig ent-
gegengetreten[4]); so bekämpfte ich schon in den mit Richard
Hertwig veröffentlichten Studien zur Blätter-Theorie das

vermeintliche Gesetz, dass die Keimblätter histologische
Primitivorgane seien. Dann suchte ich in der kleinen Schrift
„das Problem der Befruchtung, eine Theorie der Vererbung" das von His aufgestellte Princip der organbildenden
Keimbezirke zu widerlegen. In meiner Abhandlung „Vergleich der Ei- und Samenbildung bei Nematoden" sprach ich
mich gegen die wesentlichen Grundzüge der Lehre Weismanns vom Keimplasma aus und hob den Unterschied der
von Strasburger und mir gleichzeitig aufgestellten Theorie,
dass der Kern der Träger der Vererbungssubstanz sei, gegenüber der evolutionistischen Fassung, welche ihr darauf Weismann gegeben hat, in aller Schärfe hervor.

Die Schrift „Urmund und spina bifida" und eine Ge-
legenheitsrede „Aeltere und neuere Entwicklungstheorien"
gab mir Gelegenheit, die von Roux gelehrte und durch Experimente scheinbar gut begründete Mosaiktheorie anzu-
greifen und ihr gegenüber die Thesen zu vertheidigen: „Die
Entwicklung eines Organismus ist keine Mosaikarbeit; die
Theile eines Organismus entwickeln sich in Beziehung zu
einander, oder die Entwicklung eines Theils ist abhängig von
der Entwicklung des Ganzen." Die Arbeiten von Roux ver-
anlassten mich, zugleich auch im Anschluss an die werth-
vollen Versuche von Driesch eine Reihe von Experimenten
zur besseren Begründung meiner mehr epigenetischen Auffassung der Entwicklung auszuführen. Ihre Ergebnisse sind
kürzlich veröffentlicht worden unter dem Titel „Ueber den
Werth der ersten Furchungszellen für die Organbildung des
Embryo."

Da ich mich in letzterer Abhandlung vorzugsweise auf
eine Darstellung und Deutung der Versuchsergebnisse beschränkt habe, so stellte ich gleich am Schluss eine Fort-
setzung mehr theoretischen Inhalts in Aussicht. Dieselbe will
hiermit an die Oeffentlichkeit treten.

Nachdem ich mich so viele Jahre theils beobachtend, theils theoretisirend mit dem Problem der Entwicklung und der Vererbung beschäftigt habe, ist es mir ein Bedürfniss und eine Pflicht geworden, den Standpunkt, den ich in mehreren Schriften eingenommen habe, jetzt im Zusammenhang und ausführlicher, als es bei früheren Gelegenheiten geschehen konnte, darzulegen. Um so mehr scheint mir dies geboten, als Weismann in seinem letzten Hauptwerk „das Keimplasma" eine sehr sorgfältige und mit einem Aufwand von viel Scharfsinn ausgearbeitete Theorie der Evolution geliefert hat, mit welcher meine früheren Ausführungen nicht zu vereinbaren sind. Die principiellen Differenzen, die zwischen Weismann und meinen Ansichten bestehen, treten jetzt noch klarer und handgreiflicher hervor. Zwar habe ich schon in meinem Lehrbuch der Anatomie und Physiologie der Zelle (veröffentlicht im Herbst 1892) eine kurze Darstellung meiner Vererbungstheorie im neunten Capitel „Die Zelle als Anlage eines Organismus" gegeben. Hierbei konnte aber einerseits das zu gleicher Zeit erschienene Werk von Weismann nicht berücksichtigt werden, andererseits bedingte es der Charakter des Lehrbuchs, dass ich nur eine Skizze, aber keine ausführliche Begründung und Ausarbeitung meines Standpunktes geben konnte.

Indem ich dies jetzt vornehme, wird meine Aufgabe eine doppelte sein, eine Aufgabe theils negativer, theils positiver Art. Erstens habe ich mich mit den Gründen, welche neuerdings zu Gunsten der Präformationstheorie vorgebracht worden sind, auseinanderzusetzen, ihre Fundamente zu prüfen, die sich darbietenden Schwächen aufzudecken und Trugschlüsse zu widerlegen. Da Weismann als Theoretiker ohne Frage das Gebiet am meisten durchgearbeitet und die Präformation wieder in ein geschlossenes System gebracht hat, so ist es von selbst geboten, dass ich mich vorzugsweise mit der von ihm gegebenen Fassung, wie sie in der Keimplasmatheorie vorliegt, werde zu beschäftigen haben. Wenn ich mich auch ungern in eine Polemik einlasse, so ist dieselbe im Interesse der Sache doch nicht zu umgehen. Denn die Entscheidung einer so principiellen Frage, in wie weit die organische Entwicklung Evolution oder Epigenese ist, kann für die zukünftige Gestaltung der Biologie, für die Richtung und Methode der Forschung, nicht ohne Bedeutung bleiben.

Die Kritik der Weismann'schen Hypothese soll aber nichts weniger als Selbstzweck sein, sie soll in erster Linie nur dazu dienen, uns die Wege zu zeigen, auf welchen nach meiner Ansicht ein tieferes Eindringen in das Wesen des organischen Entwicklungsprocesses zu erreichen ist. Daher wird dem ersten ein zweiter Abschnitt folgen, in welchem ich meinen Standpunkt ausführlicher, als es schon früher geschehen ist, und wie ich hoffe, noch besser begründet, darlegen werde.

Erster Theil.

Die Keimplasmatheorie und die Determinantenlehre von Weismann.

In mehreren Schriften: „Ueber Leben und Tod", „Ueber die Dauer des Lebens" etc. glaubt Weismann einen tiefgreifenden Gegensatz zwischen einzelligen und vielzelligen Organismen entdeckt zu haben. Die Einzelligen sind keinem natürlichen Tod unterworfen, sie sind, da sie die Fähigkeit haben, sich durch Theilung unausgesetzt zu vermehren, unsterblich. Die vielzelligen Organismen dagegen müssen nach einer bestimmten Lebensdauer zerfallen, sie sind sterblich. Eine Ausnahme machen bei ihnen nur die Geschlechtszellen, welche, wie die Einzelligen, das Vermögen unbeschränkter Vermehrung besitzen und daher wie diese unsterblich sind. Weismann wird so dazu geführt, auch einen Gegensatz aufzustellen zwischen „somatischen, sterblichen Zellen" und zwischen unsterblichen Keimzellen eines vielzelligen Organismus. Letztere sollen nie aus somatischen Zellen hervorgehen, sondern direct von der Eizelle abstammen.

In ähnlicher Weise hat sich Nussbaum ausgesprochen, welcher das gefurchte Ei sich frühzeitig in das Zellenmaterial des Individuums und in die Zellen für die Erhaltung der Art sondern lässt. Er hat den Satz aufgestellt, dass nach der Abspaltung der Geschlechtszellen aus dem Zellenmaterial des gefurchten Eies die Conti des Individuums und der Art völlig getrennt sind, dass die Geschlechtszellen an dem Aufbau der Gewebe des Individuums keinen Antheil haben, und dass aus dem Zellenmaterial des Individuums keine einzige Ei- oder Samenzelle hervorgeht.

Von Nussbaum weicht Weismann aber in einem wesentlichen Punkt ab. Er legt kein Gewicht darauf, dass die Geschlechtszellen sich direct als Zellen vom Ei, aus welchem das Individuum hervorgegangen ist, ableiten lassen. Denn bei den Hydroiden z. B. fand er eine solche Beziehung nicht nachweisbar; er denkt sich daher den Zusammenhang in der Weise, dass bei jeder Ontogenese ein Theil des Protoplasma, aus welchem die elterliche Eizelle besteht, beim Aufbau des kindlichen Organismus nicht verbraucht wird, sondern unverändert für die Keimzellen der folgenden Generation reservirt bleibt. Er nimmt daher nicht wie Nussbaum eine Continuität der Geschlechtszellen, sondern nur eine Continuität des Keimprotoplasma an, welches er sich gewissen Zellfolgen, die zu den Geschlechtszellen werden, beimischen lässt. Vom Keimprotoplasma aber unterscheidet er das Körperprotoplasma als Grundlage der sterblichen, somatischen Zellen.

Eine veränderte Fassung gewinnt die Keimplasma-theorie im Jahre 1885, nachdem in zwei gleichzeitig und unabhängig von einander in dem Jahre 1884 erschienenen Schriften von Strasburger und von mir der Gedanken-gang näher ausgeführt worden war, dass der Zellen-kern, wie ich mich kurz ausdrückte, der Träger der Eigenschaften, welche von den Eltern auf ihre Nach-kommen vererbt werden, also Vererbungssubstanz oder Erbmasse sei.

Weismann nimmt diesen Gedanken auf, modelt ihn aber im Sinne seiner ursprünglichen Keimplasmatheorie um. Nicht jede Kernsubstanz schlechtweg ist nach ihm Ver-erbungssubstanz, sondern nur ein bestimmter Theil derselben, welcher sich durch die ganze Entwicklung des Individuums hindurch in seiner Zusammensetzung unverändert erhält und wieder zum Ausgangspunkt für neue Entwicklungsreihen wird. Der grösste Theil der Kernsubstanz aber verharrt, wie Weismann des Weiteren durchzuführen versucht, nicht in diesem Zustand.

Daraus, dass die Zellschichten des Embryo von ganz verschiedener Natur werden und sich zu verschiedenen Or-ganen und Geweben differenziren, macht Weismann den Rückschluss, dass auch die Kernsubstanz während des Ent-wicklungsprocesses verschieden werde, dass sie sich in regel-mässiger, gesetzmässiger Weise während der Ontogenese verändere, so dass schliesslich jede histologisch differenzirte Zelle auch ihr specifisches Kernplasma erhält. Nur der Kern des befruchteten Eies besteht Anfangs aus reinem Keimplasma. Mit dem Furchungsprocess aber beginnt eine Sonderung und Umwandlung desselben. So würden „bei der ersten Theilung die Kerne der beiden Furchungskugeln in der Weise verschieden werden, dass die eine nur die Ver-

erbungstendenzen des Ektoderms, die andere die des Ento-
dermis enthielte. Im weitern Verlauf würde das ektodermale
Kernplasma sich s o n d e r n in das die erblichen Anlagen des
Nervensystems enthaltende und in das die Anlagen der
äussern Haut enthaltende Kernplasma. In ersterem würden
sich wieder im Laufe weiterer Zell- und Kerntheilungen die
Kernsubstanzen s o n d e r n, welche die Vererbungstendenzen
der Sinnesorgane enthalten von denjenigen, welche die Vererbungstendenzen der Centralorgane enthalten, u. s. f. bis
zur Anlage aller einzelnen Organe und der Ausbildung der
feinsten histologischen Differenzirungen."

W e i s m a n n nennt das vom ursprünglichen Keimplasma
verschieden werdende Kernplasma das h i s t o g e n e, weil es
den specifischen Charakter der Gewebe bestimmen soll. Er
nimmt für das ursprüngliche Keimplasma die complicirteste
Molecularstructur an, für das histogene Kernplasma der definitiven Gewebszellen, Muskel-, Nerven-, Sinnes-, Drüsen-
zellen einen relativ einfacheren Bau. Wenn im Laufe der
Ontogenese Kernkeimplasma in histogenes Kernplasma um-
gebildet wird, muss die moleculare Structur desselben sich
mehr und mehr vereinfachen in demselben Maasse, als es
immer weniger verschiedene Entfaltungsmöglichkeiten in sich
zu enthalten braucht.

In consequenter Ausführung des eben entwickelten
Ideengangs sind nach W e i s m a n n nur Zellen, welche Kernkeimplasma besitzen, in der Lage, wieder einen ganzen Organismus aus sich hervorgehen zu lassen, während Zellen
mit histogenem Kernplasma, seien es Embryonalzellen, seien
es Zellen des Ektoderms oder Entoderms, diese Fähigkeit
eingebüsst haben, da sich Kernplasma von einfacherer
Molecularstructur nicht wieder in solches von complicirterer Structur zurückverwandeln kann. Es muss da-

her, so wird weiter gefolgert, vom Keimplasma des Fur-
chungskerns ein Theil unverändert während aller Kern-
theilungsprocesse erhalten bleiben, indem es der histogenen
Kernsubstanz gewisser Zellfolgen beigemischt wird. Eier
und Samenkörper entstehen nur dann, wenn Keimplasma
auf gewisse Zellen vom Furchungskern her übertragen
worden ist und über die histogene Kernsubstanz die Herrschaft gewinnt. In diesem Sinne verbessert nun Weismann einen früher von ihm aufgestellten Satz, dass die
Keimzellen gleich den Einzelligen unsterblich seien. Dieser
Ausspruch sei verbaliter und streng genommen nicht richtig,
denn sie bergen nur den unsterblichen Theil des Organismus,
das Keimplasma.

Die weitere Entwicklung der Weismann'schen Anschauungen ist hierauf durch die Schriften von Nägeli, de
Vries und Wiesner, welche über die feinere Zusammensetzung der Erbmasse und über den elementaren Aufbau
des Zellkörpers neue Hypothesen aufgestellt haben, sehr
wesentlich beeinflusst worden. Namentlich schliesst sich
Weismann der Auffassung von de Vries an, welcher
die von Darwin begründete Lehre der Pangenesis, dass
kleinste, mit dem Vermögen der Theilung begabte Stofftheilchen, die Keimchen, Träger der erblichen Eigenschaften
sind, wieder aufgegriffen, aber in zeitgemässer und nicht
unerheblicher Weise umgestaltet hat.

Auf diesen verschiedenartigen Grundlagen hat jetzt
Weismann bis in's kleinste Detail eine Theorie aus-
gearbeitet, für welche er seine früheren Schriften nur als
Vorarbeiten betrachtet, für welche er aber aus ihnen doch
die wesentlichsten und am meisten charakteristischen Ideengänge in etwas umgemodelter Form herübergenommen hat.
Ihr hauptsächlichster Inhalt ist folgender:

Die Substanz, welche der Träger der erblichen Eigenschaften einer Organismenart ist (Idioplasma Nägeli's), ist nicht in der gesammten Stoffmasse der Ei- und Samenzelle, sondern nur in ihrer Kernsubstanz gegeben (Hypothese von Hertwig und Strasburger). Weismann nennt letztere Keimplasma unter Umänderung des früher mit diesem Worte verbundenen Begriffes. Das Keimplasma jeder Organismenart besitzt eine ausserordentlich complicirte, historisch allmählich entstandene, feste Architektur. In derselben werden einfachere und zusammengesetztere Bestandtheile als Biophoren, Determinanten, Iden, Idanten unterschieden.

Die Biophoren sind die kleinsten Stoffeinheiten, an welchen die Grundkräfte des Lebens, Assimilation, Stoffwechsel und Vermehrung durch Theilung zu Tage treten, sie entsprechen also dem, was Herbert Spencer als physiologische Einheiten, Darwin als Keimchen, de Vries als Pangene, Hertwig als Idioblasten bezeichnet hat. Sie sind die Träger der verschiedenen Zelleneigenschaften. Es giebt im Keimplasma eine sehr grosse Menge verschiedener Arten derselben proportional der Anzahl der verschiedenen Zelleneigenschaften.

Die Determinanten sind mit besonderen Eigenschaften ausgerüstete Einheiten nächst höherer Ordnung, Gruppen von mehreren Biophorenarten. Auch sie besitzen das Vermögen der Theilbarkeit, welches durch eine Vermehrung der innerhalb ihres festen Verbandes befindlichen Biophoren eingeleitet und veranlasst wird. Jede Zelle eines vielzelligen Organismus wird in ihrem histologischen Charakter durch je eine Determinante bestimmt (Zellendeterminante). Den Begriff der Determinante hat Weismann hauptsächlich eingeführt, um nicht zu der Annahme gezwungen zu werden, dass im Keimplasma jede einzelne

Zelle durch ihre eigenen Biophoren vertreten ist. Es giebt kleine Körpertheile, in welchen eine Zelle der anderen gleicht, und für welche daher im Keimplasma eine einzige Determinante, die sich später durch Theilung vermehrt, genügt. Dagegen muss für jede Zelle oder Zellgruppe des Körpers, welche selbstständig variabel sein soll, eine besondere Determinante im Keimplasma vorhanden sein. Es muss daher das Keimplasma einer Organismenart so viele Determinanten oder Bestimmungsstücke enthalten, als selbstständig vom Keim aus variabele Zellen und Zellgruppen (Vererbungsstücke oder Determinaten) im Organismus auftreten.

Aus der Annahme, dass durch je eine Determinante je eine im Körper räumlich genau bestimmte Zelle oder Zellgruppe repräsentirt wird, zieht W e i s m a n n die weitere Folgerung, dass die Determinanten auch im Keimplasma f e s t l o c a l i s i r t und in sehr complicirter Weise zu einem Verbande vereint sein müssen; er nennt die so entstehende, eine complicirte Architektur aufweisende höhere Einheit von fester Begrenzung ein I d. Es ist der Inbegriff aller zum Aufbau eines Individuums der Art nöthigen Determinanten und entspricht der Substanz, welche in früheren Arbeiten von W e i s m a n n als Ahnenplasma bezeichnet wurde. Jedes Id muss wieder wachsen und sich theilen können, da nur durch ihre Vermehrung wieder Keimplasmen für neue Organismen entstehen können.

Für die Leitung der Ontogenese würde ein einziges Id schon genügen können; indessen lässt W e i s m a n n auf Grund eines Gedankenganges, der aus Erscheinungen der geschlechtlichen Fortpflanzung und Vererbung angeregt wurde und hier nicht näher dargelegt werden soll, das Keimplasma noch weiter zusammengesetzt sein, und zwar

aus zahlreichen, in vielen Fällen wohl weit über hundert
etwas verschiedenen Ahnenplasmen oder Iden, die, von
näheren oder entfernteren Vorfahren abstammend, als Erb-
stücke die Eigenthümlichkeiten des Baues derselben über-
liefern und eventuell bei einer Gelegenheit zur Wirksamkeit kommen (Erklärung des Atavismus).

In welcher Weise tritt das mit einer so complicirten
Architektur versehene Werk in Thätigkeit, um die Entwicklung des Eies zum fertigen Organismus zu leiten?
Das Mittel, dessen sich die Natur zu diesem Zwecke bedient, ist die Zell- und Kerntheilung.

Nach einer Annahme von Weismann, welche, wie wir
bald erfahren werden, einen sehr wichtigen Eckstein des
ganzen Systems darstellt, giebt es zwei Arten von Kerntheilung, die sich zwar nach ihrem äusserlichen Verlauf
durch Beobachtung nicht unterscheiden lassen, die aber
nach ihrer Wirkung grundverschieden ausfallen. Die eine
Art wird als erbgleiche oder integrelle Theilung, die andere
als erbungleiche oder differentielle bezeichnet. Die erstere
ist für das Hypothesengebäude von Weismann sehr neben-
sächlich; sie beruht auf einer Verdoppelung der Anlagen
durch Wachsthum und auf einer ganz gleichmässigen Vertheilung derselben auf beide Stäbchenhälften; sie tritt bei
Gewebezellen ein, die Tochterzellen genau der gleichen Art
hervorzubringen.

Die erbungleiche Theilung dagegen wird durch eine
ungleiche Gruppirung der Anlagen während ihres Wachsthums eingeleitet; in Folge dessen spalten sich die Iden
derartig, dass hierbei die in ihnen eingeschlossenen Determinanten in ganz verschiedenen Combinationen auf die
Tochter-Iden übertragen werden. Diese Art der Halbirung
des Keimplasmas spielt bei der Umwandlung des Eies in

den fertigen Organismus die Hauptrolle, da nur durch
ihre richtige Functionirung es möglich ist, dass die im
Keimplasma eingeschlossenen zahllosen Determinanten oder
Bestimmungsstücke so entwickelt werden, dass sie, zur
rechten Zeit an den richtigen Ort gebracht, in die Vererbungsstücke (Determinaten) des fertigen Körpers übergehen können.

Schon bei der ersten Eifurchung könnte zum Beispiel
nach Weismann's Hypothese jedes Id des Keimplasmas
sich in zwei Hälften spalten, von denen jede nur noch die
Hälfte der Gesammtzahl der Determinanten enthält, und
bei jeder folgenden Zelltheilung könnte sich dieser Zer-
legungsprocess wiederholen, so dass die Ide der auf einander
folgenden ontogenetischen Stadien von Stufe zu Stufe
ärmer an Verschiedenartigkeit ihrer Determinanten werden.
Danach würde, wenn das Keimplasma auf einer Stufe aus
einer Million Determinanten zusammengesetzt ist, es auf
einer folgenden nur noch aus einer halben Million, auf
einer weiter folgenden nur aus einer Viertel-Million bestehen etc. Auf diese Weise würde die Architektur der
Ide immer einfacher werden und ihren denkbar einfachsten
Bau schliesslich in den functionirenden Zellen des fertigen
Körpers erreichen, in denen sie nur aus einer Art von
Determinanten besteht, aus derjenigen nämlich, welche den
Charakter der betreffenden Zelle zu bestimmen hat und
sich dabei in die Biophoren oder Eigenschaftsträger der
Zelle auflöst.

„Es ist ein wunderbar verwickelter Process der Auseinanderlegung des Keimplasmas," bemerkt hierzu Weismann, „eine wahre ‚Entwicklung‘, bei welcher jede Id-
Stufe mit Nothwendigkeit aus der vorhergehenden folgt
und so allmählich die Tausende und Hunderttausende von

Vererbungsstücken zu Stande kommen, jedes am richtigen Platz und jedes mit der ihm zukommenden Determinante versehen." „Auf dieser verwickelten Zerlegung der Determinanten des Keimplasma-Id's beruht der ganze Aufbau des Körpers, beruht die Herstellung seiner gröberen Theile. seiner Gliederung, seiner Organbildung bis herab zu der durch die Zellenzahl bestimmen Grösse dieser Organe. Die Vererbung der Eigenschaften allgemeinster Art, also des Bauplans eines Thieres, aber auch die die Klasse, Ordnung. Familie, Gattung kennzeichnenden Eigenschaften beruhen ausschliesslich auf diesem Vorgang."

Durch den Mechanismus der erbungleichen Theilung bleiben indessen zwei grosse Erscheinungsgebiete unerklärt. die Erscheinungen der Reproduction und die Erscheinungen der Regeneration. Hier hilft sich Weismann mit folgenden Annahmen.

Die eine Annahme ist die schon oben skizzirte Hypothese von der Continuität des Keimplasmas. Da sich die Zerlegung des Keimplasmas in seine einzelnen Determinanten, welche während der Entwicklung des fertigen Körpers aus dem Ei stattfindet, nicht wieder rückgängig machen lässt, die künftigen Fortpflanzungszellen des Kindes aber unzerlegtes, vollständiges Keimplasma führen müssen, so muss sich dasselbe direct von demjenigen der elterlichen Keimzelle herleiten lassen. Während der Entwicklung, nimmt Weismann an, wird von den zahlreichen Iden des Keimplasmas, von denen ein jedes sämmtliche Anlagen enthält, nur eine Anzahl durch erbungleiche Theilung in die Determinanten zerlegt, welche den Verlauf der Embryogenese und den endlichen Charakter der Zellen bestimmen, ein anderer Theil dagegen bleibt unzerlegt, indem er seine Determinanten fest zusammenhält und sie bei

den Zelltheilungen nicht in ungleichen Gruppen auf die
Tochterzellen vertheilt werden lässt. Der erstere Theil der
Ide wird als actives, zerlegbares Keimplasma, der
andere dagegen als inactives oder gebundenes
Keimplasma oder als Nebenkeimplasma bezeichnet. Die activen Ide dienen zur Erklärung der
embryonalen Vorgänge, welche von ihnen geleitet werden,
das Nebenkeimplasma dagegen bleibt für die späteren Fortpflanzungszellen reservirt, es wird in gebundenem Zustand
neben anderem activ werdenden Keimplasma durch mehr
oder minder lange Zellfolgen hindurch bei der Zelltheilung
weitergegeben; endlich giebt es seine Inactivität in irgend
einer vom befruchteten Ei mehr oder weniger weit entfernten Zellengruppe auf, welcher dadurch der Stempel
der Keimzellen aufgedrückt wird. Diese Versendung des
Keimplasmas vom Ei bis zu der Keimstätte der Fortpflanzungszellen hin geschieht in gesetzmässiger Weise und
durch ganz bestimmte Zellfolgen hindurch, welchen Weismann den Namen der Keimbahnen gegeben hat. Nur
Zellen, welche noch Reste des ganzen, nicht zerlegten Keimplasmas besitzen, sind zur Erhaltung der Art geeignet und
daher unsterblich, alle anderen, die in Folge des Zerlegungs-
processes durch erbungleiche Theilung nur Bruchstücke des
Ganzen (nur Determinantengruppen oder eine einzelne
Determinante) enthalten, sind sterbliche Körperzellen.

In ähnlicher Weise wie die Entstehung von Keimzellen wird die Bildung von Knospen dadurch erklärt,
dass von der befruchteten Eizelle aus inactives „Neben-
oder Knospungs-Idioplasma" gewissen Zellfolgen der Ontogenese beigegeben wird.

Die Erscheinungen des Generationswechsels
machen ferner die Annahme nothwendig, dass bei den

Pflanzen- und Thier-Arten, die mit demselben ausgerüstet sind, „zweierlei Keimplasma existirt, welches immer mit einander vorkommt, im Ei sowohl, als in der Knospe, von welchem aber immer nur eines gleichzeitig activ ist und die Ontogenese beherrscht, während das andere inactiv bleibt". Das Alterniren dieser beiden Keimplasmen bedingt den Wechsel der Generationen. In ähnlicher Weise wird der Dimorphismus, der sich am häufigsten in Verschiedenheiten der beiden Geschlechter äussert, durch die Annahme von „Doppeldeterminanten" erklärt, welche für alle solche Zellen, Zellengruppen und ganze Organismen im Keimplasma enthalten sind, welche in zweierlei Gestalt auftreten können, männlich oder weiblich. Die eine der beiden Doppeldeterminanten bleibt inactiv, wenn die andere in Thätigkeit tritt.

Was endlich die Erscheinungen der Regeneration betrifft, so wird für die complicirteren Fälle, in welchen ganze Körpertheile, der Kopf, der Schwanz, ein Bein, nach eingetretenem Verlust wieder neu gebildet werden können, angenommen, dass die Zellen der regenerationsfähigen Theile ausser den sie selbst bestimmenden Determinanten noch Ersatz-Determinanten enthalten, welche die Anlagen der bei der Regeneration neu zu bildenden Theile sind. „Sie werden auf frühen Stufen der Ontogenese als ‚inactives Nebenidioplasma' gewissen Zellfolgen beigegeben und treten nur dann in Thätigkeit, wenn durch Verlust des betreffenden Theiles die Wachsthums-Widerstände gehoben werden."

Kritik der Keimplasmatheorie.

Auf den ersten Blick wird Vielen das Weismann'sche Hypothesengebäude den Eindruck eines in sich abge-

schlossenen und wohl durchdachten Ganzen machen, und in
diesem Sinne ist es auch in Referaten und Kritiken, soweit
mir solche bisher zu Gesichte gekommen sind, im Allgemeinen [5])
beurtheilt worden. In der That hat Weismann auf die
Detailausführung des Baues viel Mühe verwandt, insofern
er die zahlreichen und verschiedenartigen Erscheinungen
der Entwicklung und Vererbung, des Generationswechsels,
der Regeneration, des Atavismus etc. durch seine Theorie
zu erklären versucht hat; dagegen hat er es unterlassen,
den Boden, auf welchem er baut, sorgfältig, auf seine Tragkraft und Zuverlässigkeit zu prüfen. Von den guten Funda-
menten aber, die in die Erde zu liegen kommen und sich
der Beurtheilung des unkundigen und des oberflächlichen
Beobachters meist entziehen, hängt doch einzig und allein
die Dauerhaftigkeit auch eines stattlichen und reich aus-
geführten Gebäudes ab. In unserer Kritik kann die Detailausführung des Hypothesengebäudes übergangen, wohl aber
muss seine Fundamentirung genau geprüft werden.

Im Mittelpunkt der Weismann'schen Theorie steht
die Zelle mit ihren Eigenschaften, während Nägeli seine
Idioplasmatheorie vom Zellenbegriff ganz frei zu machen
und loszulösen versucht hat. In dieser Beziehung nehme ich
denselben Standpunkt wie Weismann ein, der auch von
de Vries u. A. getheilt wird, und halte den von Nägeli
geltend gemachten Ideengang nicht für ganz zutreffend.

Nägeli sucht seine Idioplasmatheorie von der Zellen-
theorie ganz unabhängig zu machen, weil die Zelle zwar
eine für den morphologischen Aufbau sehr wichtige Einheit, aber nicht etwa allgemein die Einheit schlechthin sei.
„Unter Einheit," bemerkt er, „müsse man, physikalisch auf-
gefasst, ein System von materiellen Theilen verstehen. Es
gebe demnach in der organischen Welt eine grosse Zahl

von über- und untergeordneten Einheiten: die Pflanzen-
und Thierindividuen, — die Organe, — Gewebstheile, —
Zellgruppen (im Pflanzenreiche z. B. die Gefässe und Sieb-
röhren), — die Zellen, — Theile von Zellen (Pflanzenzell-
membranen, Plasmakörper, Plasmakrystalloide, Stärkekörner,
Fettkügelchen u. s. w.), — die Micelle, — die Moleküle, —
die Atome. Bald trete die eine, bald die andere Einheit in
morphologischer und physiologischer Beziehung charakte-
ristischer und ausgeprägter hervor. Somit sei kein Grund,
warum bei einer allgemeinen Theorie eine besondere Stufe
der Gestaltung begünstigt sein solle."

Wenn nun auch mit Nägeli anzuerkennen und nicht
aus dem Auge zu verlieren ist, dass es in der organischen
Welt eine grosse Zahl von über- und untergeordneten Einheiten giebt, ein Gesichtspunkt, der später von mir noch
mit allem Nachdruck geltend gemacht werden wird, so ist
doch ebensowenig zu übersehen, dass im ganzen Organismenreich die Zelle als Einheit sowohl in morphologischer als
auch in physiologischer Hinsicht unter allen übrigen elementaren Einheiten ganz besonders in den Vordergrund tritt.
Durch die Forschung ist dies auch thatsächlich anerkannt,
wie die biologische Litteratur der letzten 30 Jahre lehrt.
Insbesondere aber ist die Einheit der Zelle bei der Ver-
erbungslehre nicht zu umgehen, weil ja nachgewiesener-
maassen die Einheiten, vermittelst welcher sich die Arten
durch Fortpflanzung erhalten, Sporen, Ei und Samenfaden,
von Pflanzen wie von Thieren, den Formenwerth von Zellen
haben.

Hier stehe ich im Gegensatz zu Nägeli, mit dessen
Grundanschauungen ich sonst so vielfach übereinstimme.

Eine Vererbungstheorie muss mit der Zellen-
theorie in Uebereinstimmung zu bringen sein.

Wer die Pangenesistheorie von Darwin, Galton's Lehre
vom stirp, das Idioplasma Nägeli's, Weismann's Keimplasmatheorie, die intracellulare Pangenesis von de Vries,
His Lehre der organbildenden Keimbezirke oder Roux's
Mosaiktheorie auf ihren Erklärungswerth und ihre Berechti-
gung prüfen will, wird sich nach meiner Ansicht auch vor die
Frage gestellt sehen: wie lassen sich diese Lehren mit unserer
Auffassung vom Bau und der Function der Zelle vereinen?
Auch wo es gilt, sich zwischen der Alternative: Präformation,
oder Epigenese? zu entscheiden, scheint mir die Zelle selbst
mit Vortheil zum Ausgang einer kritischen Untersuchung
dienen zu können. In diesem Sinne will ich kurz in einigen
Sätzen das zusammenstellen, was nach unseren heutigen
Kenntnissen des Zellenlebens, wie mir scheint, bei jeder
Zeugungstheorie nicht ausser Acht gelassen werden darf.

Die Zelle, bestehend aus Protoplasma und einem Kern,
ist ein Elementarorganismus, welcher für sich allein oder
zu vielen verbunden die Grundlage für jede pflanzliche und
thierische Organisation bildet. Sie besitzt eine unter Umständen ausserordentlich complicirte Structur, die in ihren
wesentlichen Zügen (Micellar- und Molecularstructur) sich
unserer Wahrnehmung entzieht, und ist aus sehr zahlreichen, chemisch verschiedenen Stofftheilchen zusammengesetzt, die sich in zwei Gruppen sondern lassen, in un-
organisirte und organisirte. Die ersteren treten in gelöstem
oder festem Zustand auf (als Albuminate, Fette, Kohlen-
hydrate, Wasser, Salze) und dienen als Material zur Ernährung und zum Wachsthum der Zellen, die letzteren
setzen den lebenden Zellenleib (im engeren Sinne) zusammen, sie können sich durch Wachsthum und Theilung
vervielfältigen und sind daher Elementartheile oder Lebenseinheiten niederer Ordnung, aus denen sich die Zelle wieder

als Einheit höherer Ordnung aufbaut. (Keimchen Darwin's. Physiologische Einheiten Spencer's, Bioblasten
Altmann's, Pangene Vries', Plasome Wiesner's, Idioblasten Hertwig's, Biophoren Weismann's.)

Die Zelle jeder Organismenart besitzt ihre eigene, specifische Organisation einfacherer oder complicirterer Art und
einen dementsprechenden Aufbau aus mehr oder minder
zahlreichen und verschiedenartigen, organisirten Stofftheilchen.

Ein der Zelle eigenthümliches, nie fehlendes Organ ist
der Kern, der ein Aggregat zahlreicher besonderer, elemen-
tarer Lebenseinheiten, Idioblasten, darstellt. Die Idioblasten
unterscheiden sich in chemischer, morphologischer und functioneller Beziehung von den Lebenseinheiten des Protoplasma (Plasomen), können sich aber vielleicht durch An-
lagerung anderer Stofftheilchen in dieselben umbilden, wie
diese wahrscheinlich wieder durch einen ähnlichen Process
die Plasmaproducte erzeugen. Der Kern ist meiner Ansicht nach der Träger des Idioplasma oder der Erbmasse,
d. h. einer Substanz, welche stabiler als das Protoplasma
ist und, da sie weniger den Einflüssen der Aussenwelt
unterworfen ist, die Eigenart des Organismus ausdrückt[6]).

Ein mit vielen Kernen versehene Protoplasmamasse
(Myxomyceten, Coeloblasten etc.) hat den Formwerth vieler
Zellen (Synergiden), entsprechend der Anzahl der einzelnen
Kerne.

Das Mittel, um die Continuität des Lebensprocesses zu
erhalten, ist die Fähigkeit der Zelle, sich durch Theilung
in zwei oder mehr gesonderte Stücke zu vervielfältigen. Der
Process, der meist unter complicirten Veränderungen am
Inhalt des Kerns verläuft, scheint im wesentlichen darin zu
bestehen, dass in Folge von Wachsthumsprocessen mit be-

sonderer Energie begabte, elementare Lebenseinheiten der
Zelle sich theilen (Centrosomen, Chromatinkörner bei der
Spaltung der Kernsegmente), dass die elementaren Theil-
producte sich in zwei Gruppen sondern und die Mittel-
punkte abgeben, um welche herum alsdann auch eine Sonderung des übrigen Inhalts der Zelle (des Protoplasma nebst
seinen Einschlüssen) erfolgt. —

Vom cellularen Standpunkt aus glaube ich mehrere
Einwände gegen die hauptsächlichen Grundlagen der Weismann'schen Keimplasmatheorie erheben zu müssen. Dieselben lassen sieh zur Erleichterung der Uebersicht in zwei
Gruppen sondern:

1) in Einwände gegen die Hypothese einer erbungleichen
Theilung;

2) in Einwände gegen die Fassung, welche Weismann seiner Determinantenlehre gegeben hat.

Erster Abschnitt.

I) Einwände gegen die Hypothese einer erbungleichen Theilung.

Ein Grund- und Eckstein der Weismann'schen
Theorie ist die Annahme einer erbungleichen Theilung des
Zellenkerns.

Vergebens wird man in den Schriften Weismann's
nach Beweisen für diese fundamentale Annahme suchen;
anstatt dessen wird man nur zu ihren Gunsten eine Reihe
dialectischer Schlüsse vorgebracht sehen. So auf Seite 43.
Weismann betrachtet das Chromatin im Kern des befruchteten Eies als diejenige Substanz, welche die Vererbung bewirkt, er bezeichnet alle aus dem Eikern durch Theilung
hervorgehenden Kerne eines Organismus als seinen Chro-

matinbaum und wirft hierbei die Frage auf, ob alle diese
Stückchen der Vererbungssubstanz, welche den Chromatin-
baum eines Organismus zusammensetzen, unter einander
gleich oder aber verschieden sind. „Es lässt sich leicht
zeigen, dass das Letztere der Fall sein muss", lautet die
Antwort darauf. Denn „das Chromatin ist im Stande,
der Zelle, in deren Kern es liegt, einen specifischen Charakter aufzudrücken. Da nun die Tausende von Zellen, welche den Organismus zusammensetzen,
einen sehr verschiedenen Charakter besitzen, so kann das
Chromatin, welches sie beherrscht, nicht das gleiche,
es muss vielmehr in jeder Art von Zellen ein
verschiedenes sein."

Ferner auf Seite 60: „An der Thatsache selbst," nämlich der Fähigkeit des Idioplasmas, sich gesetzmässig und
aus sich selbst heraus zu verändern, „kann ja kein Zweifel
sein, sobald es feststeht, dass das Morphoplasma jeder Zelle
vom Idioplasma des Kerns beherrscht, d. h. in seinem Charakter bestimmt wird. Die gesetzmässigen Veränderungen,
welche wir an der Eizelle und ihren Theilungsproducten
bei jeder Embryogenese ihren Ablauf nehmen sehen, müssen
ja dann auf entsprechende, gesetzmässige Veränderungen des
Idioplasmas bezogen werden."

Endlich auf Seite 269: „Die Zellen des sich furchenden
Eies sind durchaus ungleich in ihrem Vererbungswerth, ob-
gleich sie alle jugendlich embryonal und nicht selten von
gleichem Aussehen sind. Daraus folgt, wie mir scheint, mit
logischer Nothwendigkeit, dass die Vererbungssubstanz der
Eizelle, welche sämmtliche Vererbungstendenzen der Art
enthielt, dieselben nicht in toto auf die Furchungszellen
überträgt. Diesen Thatsachen habe ich mit der gesetzmässigen Vertheilung der Determinanten des Keimplasmas

und des Aufgehens desselben in die Idioplasma-Stufen der ontogenetischen Zellen Rechnung getragen."

In den verschiedenen hier angeführten Sätzen handelt es sich um nichts weiter als um einen in rhetorische Formen gekleideten Trugschluss. Denn aus dem Vordersatz, dass das Chromatin dem Protoplasma der Zelle einen specifischen Charakter aufzudrücken im Stande sei, folgt noch keineswegs der Schluss, dass in zwei durch die Natur ihrer Plasmaproducte verschiedenen Zellen desswegen auch zweierlei Arten von Chromatin enthalten sein müssen. Denn es giebt hier noch andere Möglichkeiten, die zu berücksichtigen sind. Auch ist Weismann wohl bekannt, dass die logischen Erfordernisse für den Schluss nicht gegeben sind, da er auf Seite 86 selbst noch eine andere Möglichkeit in folgendem Satze erörtert: „Wollte man die Annahme machen, dass alle Determinanten des Keimplasmas sämmtlichen Zellen der Ontogenese mitgegeben würden, so müsste man die gesammte Differenzirung des Körpers auf ein gesetzmässig geregeltes Latentbleiben aller Determinanten mit Ausnahme e i n e r bestimmten und für jede Zelle verschiedenen beziehen; eine Vorstellung, die wohl der anderen an Wahrscheinlichkeit nachsteht, dass in jede Zelle des definitiven Organismus — abgesehen von besonderen Anpassungen — nur eben die e i n e Determinante gelangt, welche sie zu bestimmen hat. Machen wir also diese Annahme etc."

Hier bezeichnet Weismann selbst das, was er an den vorausgegangenen Stellen als ein nothwendiges Verhältniss darzustellen versucht hat, als eine von zwei möglichen Annahmen.

Ferner giebt er nicht nur die Möglichkeit dieser zweiten Annahme zu, sondern er bedient sich derselben sogar zur

Erklärung der Fortpflanzungs- und Regenerationserschei-
nungen. Er lässt nämlich gewisse Zellfolgen ausser ihren
activen, den jeweiligen Charakter des Protoplasma bestimmenden Anlagen auch noch zahlreiche latente Anlagen
erhalten, die erst bei Gelegenheit activ werden.

Die Inconsequenz an seinem eigenen Princip ent-
schuldigt Weismann mit der Bemerkung: dass in diesen
besonderen Fällen die Mitgabe latenter Anlagen „wie er
glaube, auf besonderen Anpassungen beruhe und nicht das
Ursprüngliche sei, wenigstens gewiss nicht bei den höheren
Thieren und Pflanzen. Weshalb sollte die Natur, die doch
überall Sparsamkeit walten lässt, den Luxus treiben, sämmtliche Determinanten des Keimplasmas allen Zellen des
ganzen Körpers mitzugeben, wenn eine einzige Art von
ihnen genügt? Dies wird also voraussichtlich nur da geschehen sein, wo es bestimmten Zwecken dient." Wieder
statt eines Beweises eine rhetorische Wendung!

Indessen ist hiermit das Dilemma, in welches wir hin-
eingerathen sind, noch nicht zu Ende. Denn gesetzt den
Fall, wir wollten uns für die Annahme entscheiden, dass
aus dem verschiedenen Charakter der Zellen auch auf die
Verschiedenheit ihrer Kernsubstanz geschlossen werden
müsse, so sehen wir uns gleich wieder vor eine neue wichtige Entscheidung gestellt. Wird die Kernsubstanz der verschiedenen Zellen, welche von dem Kern der Eizelle durch
Theilung abstammt, durch den Process der Theilung
selbst ungleich, oder wird sie es erst nach der
Theilung in Folge von äusseren Ursachen,
welche auf die Kernsubstanz verändernd einwirken?

Weismann entscheidet sich gleich — auch wieder
ohne Beibringung von Beweisen — für die erste
Annahme. Denn das Chromatin, bemerkt er, „kann nicht

erst in den Zellen des fertigen Organismus verschieden
werden, sondern die Verschiedenheit des die Zellen beherrschenden Chromatins muss mit der Entwickelung der
Eizelle beginnen und fortschreiten, andernfalls könnten nicht
die verschiedenen Theilungsproducte der Eizelle ganz verschiedene Entwickelungstendenzen enthalten. Dies ist aber
der Fall." Weismann stellt sich „die Veränderungen des
Idioplasmas derart vor, dass sie auf rein innern, d. h. in der
physischen Natur des Idioplasmas liegenden Ursachen beruhen, und zwar so, dass mit jeder Qualitätsänderung des
Idioplasmas auch eine Kerntheilung einhergeht, bei welcher
die differenten Qualitäten sich in die beiden Spalthälften der
Chromatinstäbchen auseinanderlegen."

Dass man bei genauerer Prüfung dieses Gedankens auf
erhebliche Schwierigkeiten und Widersprüche geführt wird,
will ich bloss kurz andeuten. Man wird bald finden, dass
dem Idioplasma von Weismann ganz entgegengesetzte Eigenschaften zugeschrieben werden,
denn auf der einen Seite wird es als eine mit
fester, complicirter Architektur versehene,
stabile Substanz angenommen, die als Ahnenplasma durch viele Generationen unverändert
von einem zum anderen Individuum übertragen
wird; auf der anderen Seite wird ihm eine labile
Architektur, die eine ausgiebige und fortwährend Verschiebung ihrer einzelnen Theile
erlaubt, zugeschrieben, der Art, dass bei jeder
Theilung eine wesentliche Umgruppirung und
ungleiche Vertheilung der einzelnen Anlagen
hervorgerufen wird! Dort bewirken die inneren
Ursachen eine feste gegenseitige Bindung der
zahlreichen Anlagen, hier wieder veranlassen

sie sie, ihre Lage und Beziehungen zu einander
zu verändern und nicht nur einmal, sondern bei
vielen auf einander folgenden Theilungen in
gesetzmässig bestimmter, wechselnder Weise, so dass das Id
eine beständig veränderte Architectur erhält. „Jedes Id
jeder Stufe", heisst es, „hat seine fest ererbte Architectur,
einen verwickelten, aber völlig fest bestimmten und gesetzmässigen Bau, der, vom Id des Keimplasmas ausgehend,
sich in gesetzmässiger Veränderung auf die folgenden Idstufen überträgt. In der Architektur des Keimplasma-Id's
sind alle Structuren der folgenden Idstufen potentia
enthalten, in ihr liegt der Grund der regelrechten Vertheilung der Determinanten, d. h. der Grund für den gesammten Aufbau des Körpers von seiner Grundform an."

Leider erfahren wir aus Weismann's Hypothese
gerade über die inneren, in der physischen Natur des Idioplasma liegenden Ursachen, das heisst: über die in so ent-
gegengesetzter und wunderbarer Weise sich äussernden
Kräfte, welche doch eigentlich die ganze Entwickelung bewirken, auch nicht das Geringste.

Bei dieser Sachlage erscheint es als das Beste, sich
gleich an die von der Natur selbst gegebenen Erscheinungen
zu wenden und zu prüfen, ob eine erbungleiche Theilung
des Zellenkerns im Organismenreich vorkommt, ob Erscheinungen und Erfahrungen auf dem Gebiete der Zellen-
lehre vorliegen, welche sich zu Gunsten eines derartigen
Theilungsmodus verwerthen lassen.

Wir prüfen 1) die Einzelligen, 2) niedere, vielzellige
Organismen, 3) die Erscheinungen der Zeugung und Regene-
ration, 4) die Abänderung der Formbildung durch äussere
Eingriffe (Heteromorphose), 5) eine Reihe physiologischer
Gründe, welche dafür sprechen, dass die Zellen und Ge-

webe ausser ihren offenbaren auch noch latente Eigenschaften besitzen, welche, durch erbgleiche Theilung überliefert, der Art angehören.

Erste Gruppe von Thatsachen.

Die Einzelligen.

Erbgleiche Theilung ist bei einzelligen Organismen die einzige, die vorkommt und vorkommen kann. Auf ihr beruht die Constanz der Art. Unser Glaube, dass Art nur wieder seine Art oder Gleiches nur wieder Gleiches erzeugen kann, ein Glaube, der durch das Studium der Systematik und Entwickelung der Organismen fortwährend seine Bestätigung findet, würde hinfällig, wenn es möglich wäre, dass bei einzelligen Organismen durch die Theilung die Erbmasse in zwei ungleiche Componenten zerlegt und auf die Tochterzellen u n g l e i c h übertragen würde. Denn in diesem Falle wären aus einer Art zwei neue Arten, aus einem Elter zwei Tochterzellen mit artverschiedenen Eigenschaften entstanden. Wie alle Beobachtungen lehren, werden durch die Theilung die Arteigenschaften so streng und bis in's Kleinste überliefert, dass einzellige Pilze, Algen, Infusorien auch noch im millionensten Glied ihren weitentfernten Vorfahren genau gleichen. So hat denn auch noch Niemand das Gesetz angezweifelt, und auch W e i s m a n n erkennt es an, dass bei Einzelligen nur erbgleiche Theilung stattfindet. D e r T h e i l u n g s p r o c e s s a l s s o l c h e r e r - s c h e i n t b e i e i n z e l l i g e n O r g a n i s m e n n i e u n d n i r g e n d s a l s M i t t e l, u m n e u e A r t e n i n s L e b e n z u r u f e n. Das ist ein Fundamentalsatz des Zellenlebens, der nicht anzuzweifeln ist und als eine feste Grundlage bei der Aufstellung von Vererbungstheorien berücksichtigt werden muss.

Aus dem Satz, dass Gleiches nur Gleiches erzeugt, folgt nun aber noch keineswegs als nothwendige
Folge der weitere Satz, dass Mutter- und Tochterorganismus
von vornherein äusserlich genau übereinstimmen müssen.
Denn die behauptete Gleichheit bezieht sich
nur auf die Substanz, welche Träger der Arteigenschaften oder Erbmasse ist; ausser derselben
aber besitzt ein einzelliger Organismus noch andere Substanzen, die während seines Lebens Veränderungen unterworfen sind. Manche Einzellige durchlaufen ja ebenfalls
eine Stufenfolge verschiedener Entwickelungsformen, die
unter Umständen erhebliche Verschiedenheiten aufweisen
und sich mit derselben Nothwendigkeit wie die Entwicke-
lungstadien höherer Thiere an einander schliessen.

Zur Veranschaulichung mögen folgende Beispiele dienen.
Podophrya gemmipara, eine Acinete, sitzt im ausgebildeten
Zustand mit einem langen Stiel an anderen Körpern fest
und ist am entgegengesetzten Mundpol mit Saugröhren
ausgestattet. Sie pflanzt sich durch Bildung mehrerer
kleiner Knospen fort, die auf ihrer Oberfläche nach Art
freischwimmender, hypotricher Infusorien bewimpert sind.
Diese sehen durchaus dem Mutterorganismus unähnlich aus,
bewegen sich eine Zeit lang als Schwärmer im Wasser fort,
setzen sich später irgendwo fest und entwickeln nun einen
Stiel, Tentakeln und Saugröhren, wodurch sie erst allmählich wieder die Form des Mutterthieres gewinnen.

Die Gregarinen sind grosse, in zwei Stücke, Proto-
merit und Deutomerit, gegliederte Zellen, mit einer
oberflächlichen Cuticula und einer Lage Muskelfibrillen
unter derselben. Sie encystiren sich nach vorausgegangener
Conjugation und zerfallen dann unter Theilung des Kerns
in zahlreiche, charakteristisch geformte Pseudonavicellen,

die sich hierauf noch in die sichelförmigen Keime theilen.
Aus den ausserordentlich kleinen Keimzellen entwickeln sich
allmählich wieder die so ganz anders gestalteten Gregarinen-
zellen.

Wenn die Eigenschaften der Art an eine Substanz gebunden sind, die als Erbmasse von dem Mutter- auf den
Tochterorganismus übertragen wird, so müssen die infusorien-
artigen Schwärmer der Acineten und die sichelförmigen
Keime der Gregarinen sie besitzen, obwohl sie vom Mutterorganismus äusserlich eine Zeit lang total verschieden sind.
Denn sie wandeln sich ja wieder in eine Acinete oder
Gregarine um, gleich der Form, von der sie selbst als Keime
abstammen.

Diese Verhältnisse bei den Einzelligen sind ein
schlagender Beweis, wie unrichtig es wäre, wenn wir aus
dem verschiedenen Aussehen zweier Zellen, wie es Weismann für die vielzelligen Organismen gethan hat, die Folgerung ziehen wollten, dass in ihnen die Erbmasse oder nach
unserer Hypothese die Kernsubstanz auch dementsprechend
eine verschiedene sein müsse. Mit dieser Annahme würden
wir uns in die grössten Widersprüche verwickeln. Denn
die Voraussetzung, dass der Kern die Erbmasse sei, welche
die Eigenschaften der Art überliefert, macht bei den Einzelligen auch den Schluss nothwendig, dass er auf den verschiedenen Formzuständen, welche die Zelle im Entwick-
lungscyclus durchläuft, mit allen Anlagen versehen bleibt,
da dieselben sonst immer wieder neu erworben werden
müssten. Das Wechselverhältniss zwischen Protoplasma und Kern als dem Träger der Erbmasse
lässt sich daher hier nur in der Weise vorstellen, dass sich nicht alle Anlagen gleichzeitig
in Wirksamkeit zu befinden brauchen, sondern

dass einzelne von ihnen zeitweise latent bleiben können.

Zweite Gruppe von Thatsachen.

Niedere vielzellige Organismen.

Wenn bei der Entwicklung einzelliger Organismen der Weg, auf welchem Gleiches wieder Gleiches zeugt, sich selbst in den zuletzt angeführten Fällen wenigstens überschauen lässt und uns einigermaassen verständlich erscheint, so ändert sich das Verhältniss bei den vielzelligen Organismen, die einen irgendwie höheren Grad der Differenzirung erreichen. Zwar haben wir es auch bei ihnen mit einem continuirlichen Entwicklungsprocess zu thun, indem aus der Eizelle der hoch differenzirte vielzellige Organismus, aus diesem wieder die Eizelle und sofort in unendlicher Reihe hervorgeht; aber die auf einander folgenden Glieder der Reihe sind jetzt in ihrer Erscheinung so ausserordentlich von einander verschieden geworden, dass die Frage, wie das eine in das andere Glied der Reihe sich umwandelt, und wie überhaupt die Gleichheit der Organismen, die durch das Eistadium von einander getrennt sind, durch das letztere gewahrt werden kann, eines der grössten Räthsel enthält, welches sich der Naturforschung darbietet. Hier offenbaren sich uns erst die Eigenschaften der organischen Substanz, welche die Zelle bildet, in ihrer ganzen wunderbaren Fülle, so dass unser Vorstellungsvermögen sie kaum zu fassen vermag. Hier liegt das dunkle Gebiet, in welches die verschiedenen Zeugungstheorien einen Lichtstrahl zu werfen und die Richtung zu bestimmen suchen, in welcher sich eine Erklärung werde gewinnen lassen.

Eine Brücke zur Erleichterung des Verständnisses bilden niedere, vielzellige Organismen, wie die Faden-

algen, Fadenpilze und andere niedere Formen. Bei ihnen
gleichen sich die aus dem Ei oder aus der Spore durch
Theilung entstandenen Zellen, welche zu einer höheren
Individualität vereint bleiben, in ihren Eigenschaften und
in ihrem Aussehen so vollständig, dass der erbgleiche
Charakter der Theilungen bei ihnen ebenso
wenig wie bei einzelligen Organismen in Zweifel gezogen werden kann. Auch wird er dadurch
bewiesen, dass jede Zelle wieder zur Keimzelle
werden kann.

Es giebt also ohne Frage vielzellige, oft aus vielen
Tausenden von Zellen gebildete Körper (Soma), in denen
jeder Theil die Eigenschaften des Eies, aus dem er durch
erbgleiche Theilung abstammt, und, was damit gleich-
bedeutend ist, die Anlage zum Ganzen, von dem er nur
ein einzelner Theil ist, besitzt.

In dieselbe Kategorie müssen natürlich auch die vielkernigen Protoplasmamassen gerechnet werden, die zuweilen
eine sehr complicirte Organisation annehmen, und bei denen
jeder mit einem Stück Protoplasma umhüllte Kern zur
Reproduction dient. Ich meine die Myxomyceten mit ihrer
eigenthümlichen Fruchtkörperbildung; die „acellulären
Pflanzen“, die oft vielzelligen Arten in Blatt-, Wurzelbildung und Wachsthum so ähnlich aussehen, wie zum
Beispiel Caulerpa; die vielkernigen Polythalamien und
Radiolarien. Denn nach unserer Definition der Zelle entspricht eine vielkernige Protoplasmamasse potentia einem
vielzelligen Organismus.

Weismann hat sich auch in dieser Frage auf
einen Standpunkt gestellt, der zu eigenthümlichen Consequenzen führt. Nach seinem Erachten sind Keimzellen und
Somazellen von ihrem ersten Auftreten in der Phylogenese

an scharf geschieden gewesen und sind es seitdem auch geblieben. Uebergänge zwischen beiden gebe es nirgends. Mit seiner Theorie vom Keimplasma sei es unvereinbar, wenn schon bei der phyletischen Entstehung des Soma die Somazellen Keimsubstanz als Idioplasma enthalten hätten. Die phyletische Entstehung der Somazellen beruhe ja gerade auf einer gruppenweisen Scheidung der im Keimplasma enthaltenen Determinanten. Es würde seiner Vorstellung durchaus widersprechen, wenn schon die ersten phyletisch entstandenen Somazellen ausser ihren manifesten specifischen Eigenschaften auch noch die übrigen der Art zukommenden Eigenschaften in latentem Zustande enthalten hätten.

Die Consequenz von Weismann's Auffassung führt also dahin, dass die niederen vielzelligen Organismen überhaupt keine Somazellen, überhaupt keinen Körper besitzen. Von zwei einander so nahe stehenden Formen, wie Pandorina morum und Volvox globator, welche Weismann als Beispiel für seine Ansicht aufführt, hat die letztere einen Körper, die erstere aber keinen, weil alle ihre Zellen der Fortpflanzung dienen können.

Es genügt auch, in diesem Punkt nur kurz auf den Widerstreit der Meinungen hingewiesen zu haben. Eine weitere Erörterung kann vorläufig unterbleiben. Denn die Fragen, um die es sich hier handelt, wollen nicht am einzelnen Falle, sondern principiell entschieden sein, und so empfiehlt es sich, erst noch nach weiteren Gründen Umschau zu halten, welche uns das Vorkommen erbungleicher Theilung im Organismenreich überhaupt als höchst unwahrscheinlich betrachten lassen.

Dritte Gruppe von Thatsachen.

Die Erscheinungen der Zeugung und der Regeneration bei Pflanzen und bei Thieren.

Zu Gunsten des Princips der erbgleichen Zelltheilung, durch welche die Anlagesubstanz auf alle Theile des Organismus übertragen wird, lassen sich die zahlreichen Erscheinungen der Zeugung und der Regeneration in's Feld führen. Wir können uns kurz fassen, da diese Erscheinungen schon zur Genüge bekannt und besprochen worden sind.

Bei fast allen Pflanzen finden sich über den ganzen Körper Zellen und Zellengruppen verbreitet, die durch irgend eine innere oder äussere Ursache gelegentlich veranlasst werden können, zu einer Knospe zu werden und sich zu einem Spross zu entwickeln, an welchem schliesslich wieder Blüthen und Geschlechtsproducte entstehen. Es gilt dies in gleicher Weise für die oberirdischen wie für die unterirdischen Pflanzentheile, so dass im letzteren Falle sich direct aus Wurzelzellen Laubsprosse herleiten, die wieder auf geschlechtlichem Wege durch Hervorbringung von Geschlechtsproducten die Art reproduciren.

Man kann das Moospflänzchen Funaria hygrometrica zu einem feinen Brei zerhacken, und wenn man denselben auf feuchter Erde vertheilt, aus den im Zusammenhang gebliebenen, kleinen Zellgruppen sich wieder zahlreiche neue Moospflänzchen entwickeln sehen. Aus einem Weidenbaume könnte ein Experimentator durch Zerlegung desselben in kleine Stücke wieder Tausende von Weidenbäumen mit allen Charakteren der Art durch Stecklinge neu züchten, so dass in jedem kleinen Gewebsstückchen Erbmasse, die die Eigenschaften des Ganzen besitzt, enthalten sein muss.

Aus losgetrennten Blattstückchen mancher Pflanzen, wie der Begoniaceen, lassen sich Knospen ziehen, die ebenfalls zur ganzen Pflanze auszuwachsen im Stande sind.

Ein ähnliches hohes Reproductionsvermögen wie bei den Pflanzen findet sich bei vielen Coelenteraten, bei manchen Würmern und Tunicaten. Bei Hydroidpolypen und Bryozoën, an den Stolonen einer Ascidie, der Clavellina lepadiformis, kann sich bald hier, bald da eine Knospe bilden, die sich zu einem vollständigen Hydroidpolyp, einer Bryozoë, einer Ascidie umwandelt. Folglich muss in den Zellen der Knospe die Anlage zum Ganzen enthalten sein, was ja dann auch noch daraus hervorgeht, dass die durch Knospung entstandenen Individuen zur Zeit der Geschlechtsreife Geschlechtsproducte hervorbringen.

Wie man bei vielen, schon hoch organisirten Thieren und Pflanzen fast an jeder Stelle des Körpers Zellen mit dem Vermögen der Reproduction ausgestattet sieht. so ist oft auch bei ihnen das Vermögen der Regeneration ein ausserordentlich grosses. Thiere können in wunderbarer Weise verloren gegangene Theile oft von sehr complicirter Structur wieder ersetzen, wie ein Krystall, an dem man ein Stück abgebrochen hat, dasselbe ergänzt, wenn er in eine geeignete Mutterlauge gebracht wird. Eine Hydra, der man die Mundscheibe mit den Tentakeln abgeschnitten hat, eine Nais, von welcher der Kopf oder das Schwanzende abgetrennt wurde, eine Schnecke, welcher man den Fühler mit dem an seiner Spitze befindlichen Auge amputirt hat, ersetzen das Verlorene, zuweilen in kurzer Zeit, wieder. Die an der Wundstelle gelegenen Zellen gerathen in Wucherung und bilden eine Schicht oder einen Höcker von Zellen, die sich ihren Eigenschaften nach embryonalen Zellen vergleichen lassen. Aus dieser embryonalen Zellenmasse son-

dern sich dann wieder die verloren gegangenen Organe und
Gewebe, bei Hydra die Mundscheibe mit ihren Tentakeln,
bei Nais das Kopfende mit seinen verschiedenen Sinnes-
organen und eigenthümlich angeordneten Muskelgruppen, bei
der Schnecke der Fühler mit seinem hoch zusammengesetzten, aus den verschiedensten histologischen Elementen,
Sehstäbchen, Pigmentzellen, Ganglienzellen, Linse etc. auf-
gebautem Auge.

Selbst in dem Stamm der Wirbelthiere, bei welchen gewöhnlich das Regenerationsvermögen sich nur in geringem
Grade, wie in dem Ersatz kleiner Defecte bei der Wund-
heilung bethätigt, können Eidechsen den abgebrochenen
Schwanz oder Tritonen eine amputirte Gliedmaasse wieder
ersetzen. Aus einem embryonalen Knospengewebe gestalten
sich also in dem einen Falle ganze Wirbelstücke mit ihren
Muskeln und Bändern, ein Stück Rückenmark mit Spinal-
ganglien und Nerven etc., in dem anderen Fall die zahlreichen, verschieden geformten Skeletstücke der Extremität
mit den dazu gehörigen Muskeln und Nerven, und jedesmal
geschieht dies in der für die betreffende Thierart eigenthümlichen Weise. Somit lässt sich auch wieder aus diesen
Thatsachen der Regeneration der Schluss ziehen, dass die
an der jedesmaligen Wundfläche gelegenen Zellen nicht
nur die besondern Theileigenschaften besitzen, die sie nach
ihrer ursprünglichen Stellung und Beziehung zum Ganzen
auszuüben hatten, sondern auch die Eigenschaften des
Ganzen, kraft deren sie zu einer Knospe werden und das
verloren gegangene, complicirt gebaute und specifisch ge-
staltete Körperstück ersetzen können.

Vierte Gruppe von Thatsachen.

Die Erscheinungen der Heteromorphose[7]).

Unter allen bisher angeführten Thatsachen besitzen vielleicht die Erscheinungen der Heteromorphose die grösste Beweiskraft für die Richtigkeit unserer Auffassung und bereiten der Weismann'schen Lehre nicht zu beseitigende Schwierigkeiten.

Mit dem Worte Heteromorphose bezeichnet Loeb die Thätigkeit des Organismus, in Folge äusserer Eingriffe Organe an Körperstellen zu bilden, wo sie unter normalen Bedingungen nicht hingehören und nicht gebildet werden können, oder verloren gegangene Theile durch andere, von den verlorenen nach Form und Function verschiedene zu ersetzen. Während es sich also bei der Regeneration um die Erzeugung von Gleichartigem, handelt es sich hier um die Erzeugung von Ungleichartigem.

In der Pflanzenphysiologie sind Heteromorphosen bekannte Erscheinungen. Wenn man aus einem Weidenstengel ein kleines Stück durch zwei Schnittflächen abtrennt und als Steckling verwendet, so kann man die beiden Schnittflächen an jeder beliebigen Stelle des Zweiges anfertigen — stets werden aus der jeweiligen Basis Wurzeln hervorwachsen, welche unter normalen Bedingungen für diese Stelle des Pflanzenkörpers fremdartige Bildungen sind, während an der Spitze des Stückes Laubsprosse angelegt werden. Da man nun jede Stelle des Zweiges, je nachdem man die Schnittfläche legt, entweder zur Basis oder zur Spitze des Stecklings machen kann, ist klar bewiesen, dass an jeder kleinsten Stelle Zellgruppen vorhanden sind, die je nach den Bedingungen zu Wurzeln oder Laubsprossen werden können und demnach ausser ihren Eigenschaften, welche ihren speciellen Charakter für den Augenblick bestimmen, auch noch Anlagen sowohl für Wurzelbildung als auch für Laubsprossenbildung, ja sogar den vollständigen Anlageeomplex einer Keimzelle enthalten müssen, da ja die Sprossen später auch Geschlechtsproducte erzeugen können.

An den flächenartig ausgebreiteten, noch in Entwicklung begriffenen Prothallien von Farnen entstehen Wurzeln, Antheridien und Archegonien unter normalen Bedingungen auf der unteren, von dem Licht abgewandten Seite. Hier kann der Experimentator die genannten drei Organe zwingen, auf der entgegengesetzten Seite zu entstehen, wenn er unter geeigneten Vorkehrungen die normale untere Seite kräftig beleuchtet, dagegen die obere beschattet.

Eine der interessantesten Heteromorphosen sind die G a l l e n b i l d u n g e n, die durch die Eiablage von gewissen Inseeten oder durch den von Blattläusen ausgeübten Reiz an jungen Pflanzentheilen hervorgerufen werden. Unter den abnormen Reizen treten lebhafte Zellwucherungen ein und bilden Organe, die eine ganz bestimmte Form und complicirte Structur besitzen. Und diese Organe fallen wieder sehr verschiedenartig aus, je nach dem speeifischen Reiz, der sie hervorgerufen hat, und je nach der specifischen Substanz, welche auf den Reiz durch Gallenbildung reagirt hat, „so dass durch verschiedene Insecten auf derselben Pflanze ganz verschiedene Gallen entstehen" und dass sich die Gallen verschiedener Pflanzen systematisch von einander unterscheiden lassen.

Schon B l u m e n b a c h hat die Gallen gegen die Präformationstheorie verwerthet als Bildungen, die durch Epigenese entstanden, nicht der Anlage nach schon im Keim vorhanden gewesen sein können. Auch für uns sind sie werthvolle Zeugnisse gegen die Keimplasmatheorie von

Weismann. Sie lehren uns, dass Zellen des Pflanzenkörpers ganz andern Zwecken, als im Entwicklungsverlauf vorgesehen sein konnte, dienen und sich den neuen Bedingungen in ihrer Form anpassen können, dass sie nicht durch besondere Determinanten im Kerne, sondern durch äussere Reize zu specifischer Formbildung determinirt werden.

Ausserdem aber bieten uns die Gallen auch noch ein zweites lehrreiches Beispiel für Heteromorphose dar.

Selbst dem unter pathologischen Verhältnissen zu einer Galle gewordenen Pflanzengewebe eines Blattes wohnt noch die Fähigkeit inne, Wurzeln zu bilden. Gallen von Salix purpurea treiben, wie Beyerinck gezeigt hat, wenn sie in feuchter Erde vergraben werden, Würzelchen, die mit den normalen jungen Wurzeln der betreffenden Weidenart identisch sind. Da nun Wurzeln aller holzigen Gewächse zur Bildung von Adventivknospen befähigt sind, hält es de Vries für sehr wahrscheinlich, dass man aus der Galle eine ganze Weidenpflanze erziehen könne. Damit wäre bewiesen, dass selbst in der Galle die sämmtlichen erblichen Eigenschaften der Weide latent erhalten sind.

Heteromorphosen sind auch bei niederen Thieren durch Loeb auf experimentellem Wege hervorgerufen worden, so unter Anderem bei Tubularia, bei Cerianthus, bei Cione intestinalis.

Wenn man bei dem Hydroidpolypen Tubularia mesembryanthemum, an dem man Stamm, Wurzel und Polypenköpfchen unterscheiden kann, das Köpfchen abschneidet, so wird von der Wundfläche in wenigen Tagen ein neues gebildet. Diese Erscheinung fällt noch unter den Begriff der Regeneration. Dagegen kann man eine Heteromorphose hervorrufen, wenn man das Experiment in folgender Weise modificirt. Man schneidet vom Stamm das Wurzel- und das Kopfende zugleich ab. Wenn man dann das so erhaltene Bruchstück umdreht und es mit dem Ende, welches das Polypenköpfchen trug, in dem Sande des Aquariums befestigt, so entsteht jetzt an dem ursprünglich aboralen Pol in wenigen Tagen ein Polyp; wenn man dagegen das Bruchstück frei und horizontal im Wasser aufhängt, bilden sich an beiden Enden Polypen aus.

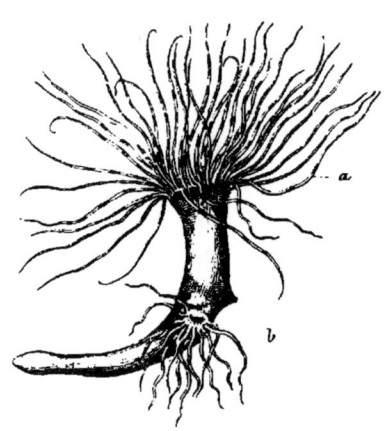

Fig. 1. Cerianthus membranaceus, bei welchem sich in Folge eines Einschnittes eine zweite Mundöffnung angelegt hat. Nach Loeb.

Bei einem Cerianthus membranaceus (Fig. 1), dem unterhalb des Mundes die Körperwand durch einen Schnitt geöffnet wird, knospen an dem nach abwärts gekehrten Rand der Schnittöffnung, sofern sie der Experimentator am Zuwachsen verhindert, äussere und innere Tentakeln in grösserer Zahl hervor; auch eine Mundscheibe legt sich an. Man hat so auf künstlichem Wege ein Thier mit zwei Mundenden oder zwei Köpfen erzeugt; auch kann man in derselben Weise Thiere mit drei und mehr über einander gelegenen Köpfen herstellen.

Das an dritter Stelle angeführte Thier, bei welchem es gelang, Heteromorphosen hervorzurufen, ist eine solitäre Ascidie, Ciona intestinalis, und ist daher schon durch einen höheren Grad von Organisation ausgezeichnet. Bei der Ciona ist der Rand ihrer Mundöffnung und ebenso ihrer Cloake mit zahlreichen, einfach gebauten Augenflecken ver-

sehen. Als nun Loeb in einiger Entfernung entweder von
der Mund- oder von der Auswurfsröhre neue Schnitt-
öffnungen anlegte (Fig. 2), bildeten sich an den Schnitträndern
nach einiger Zeit Ocellen aus; dann wuchs die künstlich
erzeugte Mundöffnung (a) nach aussen zu einer Röhre hervor,
die meist die normale Röhre noch an Länge übertraf.
„Macht man gleichzeitig bei demselben Thiere an verschiedenen Stellen Einschnitte, so können gleichzeitig
mehrere neue Röhren entstehen."

In allen drei Fällen lässt
sich die Schnittfläche, an welcher
bei Tubularia ein Polypenköpfchen, bei Cerianthus Tentakeln, bei Cione Ocellen ihren
Ursprung nehmen, an den verschiedensten Stellen des Körpers
und in den verschiedensten Richtungen anlegen. Damit ist wieder
bewiesen, dass an den meisten
Stellen des Körpers Zellgruppen

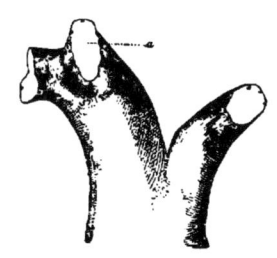

Fig. 2. Cione intestinalis, bei
welcher in der Umgebung eines
Einschnittes (a) Augenflecke wie
am Mundraud entstanden sind.
Nach Loeb.

vorkommen, welche so complicirte Organe in der für die
betreffende Art typischen Weise auch am unrechten Ort
hervorzubringen im Stande sind.

Aus den Erscheinungen der Heteromorphose
bei Pflanzen und Thieren, für welche sich die
Beispiele noch leicht vervielfältigen liessen,
ergiebt sich wieder die Lehre, dass den Zellen
und Geweben ausser den Eigenschaften, die sie
nach ihrer normalen Stellung im Organismus
bethätigen, auch noch zahlreiche andere, latente
Eigenschaften zukommen, die, durch äussere
Eingriffe geweckt, sich durch atypische Organ-

bildung am fremdartigen Ort zu erkennen geben.
Da aber, abgesehen vom fremdartigen Ort, die
neuerzeugten Organe doch stets im Charakter
der Art verharren, so spricht dies auch für
unsere Lehre, dass alle Zellen des Organismus
in Folge erbgleicher Theilung die Eigenschaften
oder Anlagen zum Ganzen enthalten. Dagegen
fallen die Heteromorphosen schwer in's Gewicht
zu Ungunsten der Determinantenlehre. Denn
unmöglich kann in der Architektur des Keimplasmas von vornherein für ganz willkürliche
Eingriffe, die so ganz ausserhalb des natürlichen Entwicklungsverlaufes liegen, durch
besondere Determinanten gesorgt sein.

Dem Begriff der Heteromorphose lässt sich leicht noch
eine etwas weitere Fassung, als es von Loeb geschehen
ist, geben, wenn man auch Erscheinungen hinzu-
rechnet, welche durch Eingriffe in die allerersten Entwicklungsstadien des Eies experimentell erzeugt werden können. Ich meine die
Experimente von Driesch, Wilson und mir, durch
welche schon die ersten Embryonalzellen gezwungen werden
können, sich zu anderen Stücken des Embryo auszubilden,
als es beim normalen Entwicklungsverlauf der Fall gewesen sein würde. In diesen Fällen fängt die
Heteromorphose gewissermaassen gleich mit
den ersten Furchungsstadien an.

Driesch hat befruchtete Echinodermeneier in sinn-
reicher Weise zwischen Glasplatten allmählich abgeplattet
und dadurch bewirkt, dass die ersten sechzehn Zellen nicht,
wie es normal geschieht, durch vertikale und horizontale
Theilebenen, die in wechselnder Folge auftreten, sondern

nur durch verticale Theilebenen von einander getrennt
werden. In der einschichtigen Zellenplatte haben die Kerne
der einzelnen Embryonalzellen natürlich eine ganz andere
Lage zu einander eingenommen, als es bei normaler Entwicklung der Fall ist. Da trotzdem normale Plutei aus so
behandelten Eiern gezüchtet werden konnten, zieht D r i e s c h
den zutreffenden Schluss, dass die Furchungskugeln der
Echiniden als ein g l e i c h a r t i g e s Z e l l e n m a t e r i a l an-
zusehen sind, welches man in beliebiger Weise, wie einen
Haufen Kugeln, durch einander werfen kann, ohne dass seine
normale Entwicklungsfähigkeit darunter im mindesten leidet.
Eine solche Vertauschung ist ohne Schaden für das Entwicklungsproduct selbstverständlicher Weise nur dann möglich, wenn ein Kern dem andern in seinen Eigenschaften
gleicht, das heisst, wenn alle Kerne durch erbgleiche Theilung vom Furchungskern abstammen.

Mit Recht hält daher D r i e s c h diese Experimente mit
der Theorie von W e i s m a n n für unvereinbar, indem er bemerkt: „Man bedenke, welch' eine Menge „Hilfsannahmen“,
welche verschiedenen Combinationen von „Nebendetermi-
nanten“ nöthig werden, wenn man Angesichts der Thatsache, dass jeder Kern jeden Platz im Ganzen einnehmen
kann, den Specificationscharakter der ersten Entwicklung
aufrecht erhalten will.

Aehnliche Experimente habe ich am Froschei angestellt.
Dieselben sind in doppelter Beziehung von besonderem Interesse, einmal weil das Froschei polar differenzirt ist und dadurch im Raum eine feste Orientirung besitzt, zweitens
aber auch deswegen, weil gerade dieses Object von W e i s -
m a n n und R o u x als Beweis für ihre Ansicht, dass durch
die ersten Furchungen Kerne von verschiedenen Qualitäten
gebildet würden, angeführt worden ist.

So bemerkt Weismann: „Die Erfahrung, dass bei bilateral gebauten Thieren die entsprechenden Theile der rechten und der linken Körperhälfte unabhängig von einander variiren können, lässt schliessen, dass alle Determinanten hier doppelt im Keimplasma vorhanden sind. Erwägen wir weiter, dass bei vielen solcher Thiere, z. B. beim Frosch, die Theilung der Eizelle in die beiden ersten Embryonalzellen die Scheidung der rechten und linken Körperhälfte bedeutet, so müssen wir schliessen, dass das Keimplasma-Id selbst schon einen bilateralen Bau besitzt und sich bei der ersten Theilung in die Determinanten für die rechte und die linke Körperhälfte spaltet. Wir dürfen darin eine weitere Bestätigung unserer Ansicht von der festen Architektur des Keimplasmas finden."

Auf Experimente am Froschei hat Roux seine Mosaiktheorie [8]) begründet, nach welcher jede der beiden ersten Furchungskugeln nicht nur das Bildungsmaterial für die linke und rechte Hälfte des Embryo, sondern auch die differenzirenden und gestaltenden Kräfte dazu enthält, so dass bei Zerstörung einer Zelle sich aus der anderen nur die halbe Seite eines Embryos (ein Hemiembryo lateralis) entwickeln kann. Auch Roux lässt bei der Furchung des Froscheies das Kernmaterial in qualitativ ungleiche Stücke zerlegt werden, durch welche dann die Entwicklung der betreffenden Zellen ungleich bestimmt, d. h. in besonderer Weise specificirt wird.

Das Irrthümliche in diesen Anschauungen von Weismann und von Roux ist durch Versuche erwiesen, die von mir in mehrfach variirter Weise vorgenommen wurden. Froscheier wurden während der Furchung entweder zwischen parallelen, horizontal gelagerten oder zwischen vertical gestellten Glasplatten zu einer Scheibe zusammengepresst. Im

ersten Falle wurden sie dorsal-ventral, d. h. in der Richtung
vom animalen nach dem vegetativen Pol, im zweiten Fall
senkrecht zu dieser Richtung, also seitlich abgeplattet. Dadurch wurde in jedem Fall ein durchaus abweichender Verlauf des Furchungsprocesses und eine andersartige Vertheilung der Kerne im Dotter künstlich hervorgerufen.

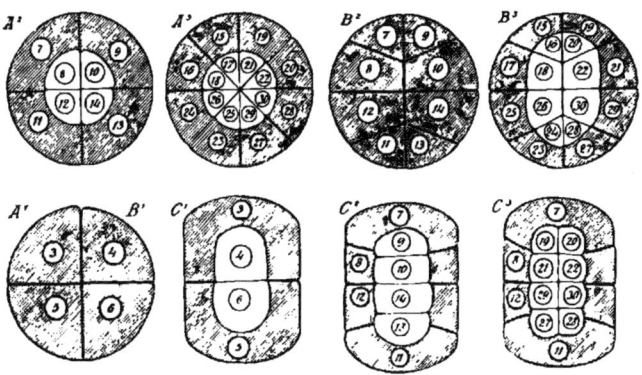

Fig. 3. Schemata von Froscheiern, welche zeigen, wie das Kernmaterial
bei Abänderung des Furchungsprocesses verlagert wird. Die mit gleichen
Zahlen benannten Kerne sind in den einzelnen Schemata immer gleicher
Herkunft. Alle Eier sind vom animalen Pol aus gesehen. A. normal
entwickelte Eier, B. zwischen horizontalen Platten gepresste Eier,
C. zwischen verticalen Platten gepresste Eier.

Um die Verhältnisse dem Leser recht anschaulich zu
machen, sollen die drei Schemata A, B, C (Fig. 3) dienen,
von welchen A über die Vertheilung der Kernsubstanz bei
normal gefurchten Eiern Aufschluss giebt, B bei Eiern, die
zwischen parallelen, horizontal gelagerten Platten gepresst
sind, und C bei Eiern, die eine Pressung zwischen vertical
gestellten Glasplatten erfahren haben. Die Schemata zeigen
uns die Lage der Furchungszellen und ihrer Kerne bei
Betrachtung des Eies vom animalen Pol aus. Auf den
Stadien, wo durch die Theilung zwei über einander ge-

legene Zellschichten gebildet worden sind, ist die tiefer
gelegene von der anderen durch Schraffirung kenntlich gemacht worden. In den drei Schemata haben die Kerne
Zahlen erhalten, damit der Leser sofort weiss, in welcher
Reihenfolge sie von den Kernen der beiden ersten Furchungszellen abstammen. Es wird dies durch folgende zwei Stamm-
bäume ausgedrückt:

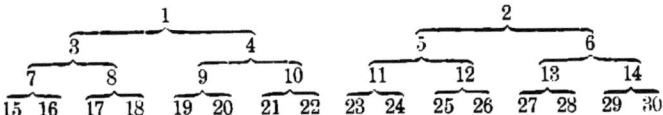

In den drei Schemata sind also die gleich bezifferten
Kerne sowohl von gleicher Abstammung, als auch nach
der Roux-Weismann'schen Hypothese von gleicher
Qualität, während die Kerne mit ungleichen Zahlen in ihren
Eigenschaften von einander abweichen.

Sehen wir nun, wie die Kerne bei den drei verschiedenen,
zum Theil experimentell erzeugten Arten des Furchungsprocesses im Eiraum vertheilt werden.

Im ersten Theilungscyclus gleichen sich die Kerne in
allen Fällen; beim zweiten Cyklus tritt der erste Unterschied
auf: bei A^1 und B^1 liegen die Kerne 3 und 5 nach links, 4
und 6 nach rechts von der zweiten Theilungsebene, welche
nach Roux's Hypothese der Medianebene des späteren
Embryo entsprechen würde, bei C^1 dagegen sind sie in zwei
Schichten über einander gelagert, 4 und 6 dorsal, 3 und 5
ventral.

Im dritten Cyklus ist in keinem Falle mehr eine Uebereinstimmung in der Lage der Kerne vorhanden.

Im Schema A^2 und B^2 sind zwar die Kerne noch in
gleicher Weise nach links und rechts von der Medianebene
vertheilt, aber dort liegen sie in doppelter Schicht über-,

hier in einfacher Schicht hinter einander. Die Kerne 8, 10.
12, 14, welche in A² der oberen Lage angehören, nehmen
in B² die Mitte der einschichtigen Scheibe ein und haben
die in A ventral gelegenen Kerne 7 und 9, 11 und 13 nach
entgegengesetzten Enden nach den Kanten der Scheibe aus
einander gedrängt.

In Schema C² endlich ist auch auf dem dritten Theil-
stadium noch keine Medianebene entstanden; es liegen die
Kerne 9, 10, 14; 13, die in A² und B² der rechten Körperseite
angehören, in der dorsalen Zellschicht und die Kerne 7, 8,
12, 11 ventralwärts. Im vierten Theilungscyklus ist das
Kernmaterial, wie eine Vergleichung der Figuren A³—C³
lehrt, im Eiraum noch mehr durcheinander gewürfelt.

Während im normal geformten und gelagerten Ei die
Vervielfältigung und Vertheilung der Kernsubstanz in nahezu
identischer, typischer Weise erfolgt, genügt schon die blosse
Abänderung der Kugelform zum Cylinder oder zur Scheibe,
um eine vollständige Andersvertheilung hervorzurufen, wenn
wir die Kerne auf Grund ihres Stammbaumes mit einander
vergleichen. Je nach dieser oder jener Art des Furchungs-
verlaufes werden sie bald mit diesem, bald mit jenem Raum-
theil der Dottersubstanz in Verbindung gebracht und zu
einem Zellindividuum abgesondert.

Daher konnte ich wohl mit Recht in meiner Abhandlung sagen: „Wenn nun wirklich die Kerne durch den
Furchungsprocess nach der Lehre von Roux und Weismann mit verschiedenen Qualitäten ausgestattet würden,
wodurch die sie bergenden Dotterstücke von vornherein zu
einem bestimmten Stücke des Embryos zu werden gezwungen
wären, was für absonderliche Missbildungen müssten dann
aus den Eiern mit dem in verschiedenster Weise „durcheinander gewürfeltem“ Kernmaterial entstehen? Da dies

aber nicht der Fall ist, so ist damit für uns die gänzliche
Unhaltbarkeit dieser Lehre bewiesen."

Nicht minder geschieht dies durch die hoch interessanten
Theilversuche von D r i e s c h und W i l s o n. Beide isolirten
durch Schütteln die beiden ersten oder die vier ersten
Furchungszellen von sich theilenden Eiern des Seeigels und
des Amphioxus und züchteten sie getrennt weiter.

D r i e s c h erhielt so aus einer Theilhälfte des See-
igeleies eine normale Gastrula und einen normalen Pluteus,
nur von halber Grösse.

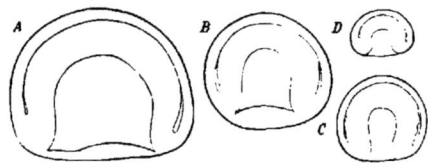

Fig. 4. Normale und Theilgastrulae von Amphioxus nach W i l s o n.
1) aus dem ganzen Ei, 2) aus einer einzigen künstlich isolirten Zelle
des zweigetheilten, 3) des viergetheilten, 4) des achtgetheilten Eies
gezüchtete Gastrula.

Noch interessantere, weil einem hoch organisirten Thier
angehörende Theillarven stellte W i l s o n durch seine an
Amphioxuseiern vorgenommenen Schüttelversuche dar, un-
versehrte Gastrulae (Fig. 4) und Embryonen mit Chorda und
Nervenrohr, die, jenachdem sie aus einer isolirten Zelle des
zwei-, vier- oder achtgetheilten Eies gewonnen waren, nur die
halbe (B), Viertel- (C) oder Achtel-Grösse (D) des entsprechenden normalen Stadiums (A) aufwiesen.

Hieran schliessen sich die von C h a b r y und mir angestellten Experimente, in denen eine der beiden ersten
Furchungszellen durch Anstechen aus dem Entwicklungsprocess ausgeschieden wurde. Bei den Ascidien (Chabry)
und beim Frosch entstanden trotz der Zerstörung eines Theils

aus dem überlebenden Rest auf directem Wege leidlich normale, mit Chorda und Nervenplatte ausgestattete Embryonen,
die beim Frosch an untergeordneten Körperstellen (Bauchfläche, hinteres Ende), wohin die nicht entwickelte Dottermasse zu liegen kam, einen Defect aufwiesen.

Alle diese Versuche lehren wieder in unzweideutiger
Weise, dass von den zwei (resp. vier) ersten Theilstücken
ein jedes sich in seinem entwicklungsmechanischen Vermögen ganz verschieden verhalten kann, je nachdem es sich
mit den anderen zu einem Ganzen verbunden oder getrennt
für sich allein entwickelt. Im ersteren Fall trägt es nur
zur Bildung eines halben (resp. vierten) Theils des embryonalen Körpers bei, im anderen Fall erzeugt es aus sich allein
das Ganze. Von den ersten Furchungszellen ist
also eine jede ihrem innern Wesen nach Theil
und Ganzes zugleich und kann je nach den Umständen bald in dieser, bald in jener Weise erscheinen.

Durch diese Experimente wird nun freilich Weismann,
auch wenn er ihre Richtigkeit zugiebt, seine Theorie des
Keimplasmas und die Auseinanderlegung der Erbmasse
wahrscheinlich noch nicht für widerlegt halten, sondern er
wird eine Hilfsannahme machen, und diese kann im Geiste
seiner Theorie keine andere als folgende sein: Eine jede
der ersten Furchungszellen hat ausser ihrem schon specificirten, den normalen Entwicklungsverlauf beherrschenden
Theil der Erbmasse noch ausserdem einen Rest unzerlegter
Erbmasse als Nebenidioplasma für unvorhergesehene Fälle
mit auf den Weg bekommen; dieses übernimmt die Herrschaft, wenn sich der in Folge des Eingriffs abgetrennte
Theil zum Ganzen entwickelt.

Mit einer solchen Annahme ist aber noch wenig genützt,

wenn sie nur für die ersten Furchungszellen gelten soll. Denn wie ich durch Compression des Froscheies gezeigt habe, kann die Richtung der Urmundnaht, die mit der Hauptaxe des embryonalen Körpers zusammenfällt, eine sehr verschiedene Stellung zur Richtung der ersten Theilebene einnehmen, bald mit ihr zusammenfallen, bald sie unter einem rechten, bald einem spitzen Winkel schneiden. Es leuchtet von selbst ein, dass in jedem dieser Fälle die embryonalen Zellen in anderer Weise zur Bildung der einzelnen Körperregionen beitragen, und dass sie mithin von vornherein zu verschiedenen Rollen befähigt sein müssen.

Das Gleiche lehrt die Entwicklungsgeschichte der Doppelmissbildungen, welche so häufig bei Fischeiern, etwas seltener bei Hühnereiern beobachtet werden. Aus Ursachen, die sich noch unserer Kenntniss entziehen, entstehen anstatt einer zwei Gastrulaeinstülpungen an zwei getrennten Stellen der Keimblase (Randzone der Keimscheibe meroblastischer Eier). Je nach der Lage dieser zwei Einstülpungen, die gleichsam als die Krystallisationspunkte für die weitere Embryobildung bezeichnet werden können, werden jetzt die Embryonalzellen der Keimscheibe in den Entwicklungsprocess hineingezogen, in genauer bestimmte Lagen zu einander gebracht und zur Organbildung benutzt. Im Anschlufs an eine doppelte Gastrulaeinstülpung entstehen dann zum Beispiel anstatt zweier vier Ohrbläschen, vier Augenbläschen, vier Geruchsgrübchen etc. aus Zellgruppen, die durch ihre Lage zu den Orten der ersten Einstülpung bestimmt werden.

Ich habe noch verschiedene andere Experimente angestellt, um den normalen Verlauf der Entwicklung zu stören, und dadurch gleichlautende Ergebnisse gewonnen.

Als ich frisch befruchtete Froscheier zwischen parallelen, horizontal gestellten Glasplatten stark comprimirte und

darauf umkehrte, so dass ihr vegetativer Pol nach oben zu
liegen kam, entwickelten sie sich zwar der Schwere entgegen weiter, bildeten sieh aber zu abnormen, ganz asym-
metrischen Embryonen aus. Als ich ferner Tritoneier auf
dem Stadium der Zweitheilung der ersten Theilebene entsprechend mit einem Cocconfaden einsehnürte, so dass sie die
Form einer Sanduhr annahmen, lieferten sie (wahrseheinlich
je nach dem Grad der Einschnürung) sehr verschieden geformte Larven. Einige waren sehr langgestreckt und so
entwickelt, dass der Cocconfaden die Mitte des Rückenmarks
einschnürte. Bei anderen Eiern waren die Rückenorgane
nur aus der einen Hälfte des sanduhrförmigen Körpers entstanden, während die andere Hälfte zur Bauchfläche geworden war. Die Rückenorgane (Nervenrohr, Chorda) waren
in diesen Fällen wie ein Sprenkel zusammengekrümmt, indem sich Kopf- und Schwanzende, Mund- und Afteranlage
an der Einschnürungsstelle fast berührten.

In beiden Fällen, sowohl bei den am Frosch- als bei den
am Tritonei angestellten Experimenten ist das Zellenmaterial,
das aus dem Furchungsprocess hervorgegangen war, jedenfalls wieder in ganz anderer Weise für die Embryonal-
bildung verwendet worden, als bei der normalen Entwieklung.

Zum Schluss noch ein sehr beweisendes Beispiel. Bei
der oben erwähnten Entwieklung der Froscheier ihrer
Schwere entgegen kommt es zuweilen vor, dass sich eine
Urmundlippe nach aussen weit umschlägt. Dies hat zur
Folge, dass sich die Urmundnaht zwischen dem normalen
Urmundrand der einen Seite und dem Umschlagrand der
entgegengesetzten Lippe ausbildet. Wenn es darauf zur
Differenzirung von Chorda und Medullarplatte kommt, ge-
schieht dieselbe unter diesen Umständen an einem ganz
anderen Zellenmaterial als in dem Fall, dass der abnorme
Umschlag der Lippe nicht erfolgt wäre[9]).

In allen diesen Beispielen muss Weismann seine
Hilfsannahme, dass den Kernen noch Neben-Idioplasma
zugetheilt sei, nicht auf die allerersten Furchungszellen
beschränken, sondern er muss sie auf die vielen Tausende
von Embryonalzellen ausdehnen, die zur Zeit, wo Nervenrohr und Chorda angelegt werden, schon durch Theilung
entstanden sind. Denn sie alle sind nachgewiesener Maassen
für verschiedene Entwicklungsrichtungen eingestellt, wie
ihr Verhalten unter den willkürlich abgeänderten Verhältnissen lehrt.

Fünfte Gruppe von Thatsachen.

Die Erscheinungen der vegetativen Affinität[10]).

Auch von allgemein physiologischen Gesichtspunkten
aus lässt sich für den Standpunkt, dass alle Zellen eines
Organismus der Art nach gleich und nur durch besondere
Entwicklung einer Eigenschaft von einander verschieden
sind, gar Mancherlei anführen.

Von vornherein sind freilich gewiss viele Forscher
geneigt, sich durch den Augenschein bei histologischen
Untersuchungen zu der Annahme verleiten zu lassen, dass
die sichtbaren, der mikroskopischen Untersuchung zugäng-
lichen Eigenschaften der Gewebe ihre einzigen oder wenigstens ihre hauptsächlichsten seien. Sind ja doch eine Sehne,
ein Nerv, ein Knochen- und Knorpelstück eines Hundes
und eines Pferdes möglicher Weise bei histologischer Untersuchung nicht zu unterscheiden; auch nach ihren specifischen Leistungen für den Organismus würden sich die
entsprechenden Theile der beiden Säugethierarten gegen
einander austauschen und wechselseitig ersetzen lassen
müssen. Eine entsprechend grosse Sehne des Hundes mit
einem Muskel des Pferdes vereinigt, würde den Zug vom

Muskel auf den Knochen ebenso gut übertragen und somit einen Ersatz für die mechanische Leistung der Pferdesehne bilden können, und ebenso ein Knochen-, ein Knorpel- und ein Nervenstück.

In der That hat die Meinung, dass Gewebstheile verschiedener Thierarten zum Ersatz für einander dienen könnten, in der Wissenschaft, namentlich in der Heilkunde, vielfach bestanden; auch glaube ich, dass heutzutage die Ansichten über diesen Punkt noch nicht recht geklärt sind. Die erwähnte irrthümliche Meinung konnte bestehen, weil man sich gewöhnlich darüber nicht klar ist, dass jedem Gewebe, jedem Organtheil, jeder Zelle ausser ihren wahrnehmbaren noch viel zahlreichere, uns nicht sichtbare Eigenschaften zukommen, und zwar Eigenschaften, die ihnen als Theile eines bestimmten Organismus eigenthümlich sind, und die wir im Gegensatz zu den uns sichtbaren specifischen Gewebseigenschaften, auf Grund deren wir im histologischen System die Eintheilungen vornehmen, als constitutionelle oder Arteigenschaften bezeichnen können.

Der Sachverhalt ist bei den Gewebszellen wahrscheinlich ein ähnlicher wie bei den Geschlechtsproducten. Nach ihren histologischen Eigenschaften sind einerseits die Eier, andererseits die Samenfäden der verschiedenen Säugethiere einander ausserordentlich ähnlich und in vielen Fällen für uns gar nicht unterscheidbar; als Träger der Artcharaktere aber, die in diesem Zustand für uns nicht wahrnehmbar sind, müssen sie, worüber ein Zweifel nicht bestehen wird, so weit wie Art von Art von einander verschieden sein. Bei den Geschlechtsproducten belehrt uns über ihre Arteigen-

schaften die Erfahrung, dass aus jeder Eiart sich stets
nur dieselbe Organismenart entwickeln kann. Dass auch
die Gewebe und Organtheile ausser ihren sichtbaren, histologischen noch allgemeinere Eigenschaften haben, die ihnen
mit anders specificirten Geweben desselben Organismus
gemeinsam sind, tritt nicht in so offenkundiger Weise zu
Tage, doch lässt sich ihr Vorhandensein wenigstens theilweise erschliessen aus den Erfahrungen, welche die Botaniker durch die Methode des Pfropfens bei Pflanzen
und die Physiologen und Chirurgen am thierischen Körper
durch Transplantation und Transfusion gewonnen
haben.

Bei den Pflanzen kann man leicht einen abgetrennten
Theil, das Reis, von einem Individuum auf ein anderes derselben Art, auf den Grundstock oder die Unterlage, transplantiren und mit ihm zu einer festen, dauerhaften Vereinigung bringen. Am Reis und an der Unterlage verwachsen nach kurzer Zeit die entsprechenden Gewebe mit
einander ohne jede Störung. Aus zwei verschiedenen Individuen ist so ein einheitlich functionirender Organismus auf
künstlichem Wege hervorgerufen worden.

Man könnte nun wohl von vornherein erwarten, dass
Reis und Unterlage, welche zwei so ähnliche Arten wie
zum Beispiel dem Birn- und Apfelbaum angehören, sich
ebenfalls verbinden müssten, wenn sie nur so ausgewählt
sind, dass sie nach Form, gewehlicher Structur etc. auf
einander passen. Das ist aber keineswegs der Fall. Auf
das äusserliche Zusammenpassen der Theile kommt es beim
Pfropfen gar nicht so genau an, viel wichtiger sind die
inneren Verwandtschaften der Theile, sind die Arteigenschaften der Zellen, die als solche für uns nicht erkennbar
sind. Während bei Individuen derselben Art sich zwei

Stücke vereinigen lassen, auch wenn sie in abnorme
Stellungen zu einander gebracht werden, oder wenn sie nicht
zusammengehören, wie Wurzel und Blatt, bleibt der Erfolg
beim Fehlen der inneren Verwandtschaft aus.

Im Allgemeinen wird die innere Verwandtschaft, die
man auch als vegetative Affinität bezeichnen kann,
in ähnlicher Weise wie die sexuelle Affinität, durch den
Grad der systematischen Verwandtschaft bestimmt. Wie
es scheint, kehren hier ähnliche Beziehungen wieder, wie
bei der Verbindung der Geschlechtsproducte verschiedener
Varietäten und Arten durch Bastardbefruchtung. In beiden
Fällen ist auf ein Gelingen der Verbindung um so eher
zu rechnen, je näher sich die zu verbindenden Arten im
natürlichen System stehen.

Doch giebt es sowohl bei der Pfropfung als bei der
Bastardbefruchtung unerwartete Ausnahmen von dieser
Regel, aus welcher Nägeli schliesst, dass die äusseren
unterscheidbaren Merkmale nicht immer der richtige Ausdruck für die inneren, constitutionellen Verschiedenheiten
sind. Oft lassen sich im System nahestehende, sehr ähnlich aussehende Arten nicht verbinden, während eine Vereinigung zwischen mehr verschieden aussehenden Individuen
zweier Gattungen oder sogar zweier Familien gelingt. Oder
mit anderen Worten: die äusseren Merkmale sind kein ganz
zuverlässiger Maassstab für den Grad sowohl der vegetativen
als auch der sexuellen Affinität, der zwischen zwei Arten
besteht.

Als Beispiel hierfür führt Vöchting in seinem Werk
über Transplantation am Pflanzenkörper die Rassen des
Birnbaums an, die sich mit dem derselben Gattung ange-
hörenden und nahe verwandten Apfelbaum nur schwer
durch Pfropfung vereinigen lassen, während die meisten

auf der Quitte vortrefflich gedeihen, obschon diese einer verschiedenen Gattung entstammt. In diesem Fall wird übrigens auch zwischen ihren Geschlechtsproducten die sexuelle Affinität vermisst. Denn Apfel- und Birnbaum lassen sich gleichfalls nicht unter einander bastardiren.

Es ist mir wahrscheinlich, obwohl ein exacter Beweis zur Zeit nach dem vorliegenden Thatsachenmaterial noch nicht zu führen ist, dass sexuelle und vegetative Affinität oder die Verwandtschaft zwischen Ei und Pollen zweier Arten und die Verwandtschaft zwischen Reis und Grundstock auf ein- und denselben Grundeigenschaften des Elementarorganismus, der Zelle, beruhen.

Vöchting unterscheidet die Verbindungen von Reis und Grundstock, jenachdem es zur Entstehung einer einheitlich functionirenden Individualität kommt oder nicht, als harmonische und als disharmonische. Die letzteren lassen verschiedene Abstufungen erkennen, die für uns ebenfalls von Interesse sind. Während gewöhnlich die nicht zu einander passenden Pflanzentheile sich von vornherein gegenseitig abstossen, so dass es zu keiner Verwachsung kommt und das Reis rasch zu Grunde geht, gelegentlich auch ein Stück des Grundstocks, gleichsam vom Reis vergiftet, abstirbt, tritt in anderen Fällen die Disharmonie in weniger schroffer Weise auf. Reis und Grundstock beginnen unter einander zu verwachsen, nach kürzerer oder längerer Zeit aber treten Störungen ein, die zum allmählichen Zerfall führen. Die Störungen bestehen, zum Beispiel bei krautigen Pflanzen (Vöchting), darin, dass das Reis an seiner Basis Wurzeln zu bilden beginnt, die gelegentlich auch in die Unterlage selbst hineinwachsen. Das Reis benutzt also die durch die Unterlage herbeigeschafften Säfte und Salze zu seiner Ernährung, will sich aber selbst mit ihr nicht zu einer geschlossenen Lebenseinheit verbinden; denn wie Vöchting mit Recht bemerkt, bedeutet die Wurzelbildung nichts Anderes als das Streben, sich zu einem selbständigen Individuum abzurunden. Anstatt zu einem dem Grundstock eingeordneten Theil zu werden, macht das Reis den Versuch, sich zu einem Parasiten desselben umzugestalten. Die weitere Folge ist, dass auch der Grundstock öfters auf den sich ihm nicht anpassenden Fremdling zu reagiren beginnt. So sah Vöchting, als er Rhipsalis paradoxa auf Opuntia Labouretiana aufpfropfte, dass um die Wurzeln der ersteren das Gewebe des Grundstocks theils Korkscheiden herumgebildet und theils sich zu einer gallertigen Masse umgewandelt hatte.

In manchen Fällen hat der Experimentator die Disharmonie zweier Arten A und B in der Weise überwinden können, dass er sich einer dritten Art C bediente, welche zu den unter einander disharmonischen Formen eine vegetative Affinität besass. Er schob dieselbe als Mittelglied zwischen die beiden disharmonischen Formen ein und stellte so einen aus Stücken dreier verschiedener Arten zusammengesetzten, einheitlichen Organismus dar, in welchem auf A als Grundstock ein Reis von C und auf dieses wieder ein Reis von B aufgepfropft war.

Auch in Bezug auf die verschiedenartigen Abstufungen der Disharmonie bieten sich uns Vergleichspunkte zwischen vegetativer und sexueller Affinität dar. In manchen Fällen lassen sich thierische Eier durch Samen einer anderen Art gar nicht befruchten, in anderen Fällen dringt ein Samenfaden zwar in das Ei ein und verschmilzt mit dem Eikern, vermag aber keine gedeihliche Verbindung herzustellen, was sich in verschiedener Abstufung zu erkennen geben kann.

Bald theilt sich das befruchtete Ei einige Male, um dann abzusterben, bald schreitet die Entwicklung noch bis zum Stadium der Blastula oder der Gastrula oder noch etwas weiter fort, kommt dann aber aus inneren, uns nicht erkennbaren Ursachen zum Stillstand und endet schliesslich auch mit einem gänzlichen Zerfall.

Spärlicher als in der Botanik sind unsere Erfahrungen über Transplantation auf thierischem Gebiete.

Schon Trembley hat durch Pfropfen Theile zweier Hydroidpolypen zu einem Individuum zu vereinigen gesucht. Er zerschnitt zwei Exemplare von Hydra fusca in ihrer Mitte und brachte dann in einem Uhrschälchen das hintere Ende des einen mit dem vorderen Ende des anderen in directe Berührung. Es glückte ihm in einem Falle, beide Theile zur festen Verwachsung zu bringen, was sich deutlich zeigte, als er nach einigen Tagen das Thier mit einem Wurm fütterte. Denn derselbe wurde durch das vordere bis in das hintere Stück aufgenommen. Später bildeten sich Knospen sowohl oberhalb als unterhalb der Vereinigungsstelle. Dagegen wollte es Trembley nicht gelingen, Polypenstücke von verschiedener Art, von Hydra viridis und Hydra fusca, zusammenzupfropfen.

Transplantationen einzelner Gewebe und Organe sind häufig und von verschiedenen Forschern vorgenommen worden. Ich hebe nur hervor die älteren Ergebnisse von Ollier und M. Bert und die im Jahre 1893 angestellten Experimente von A. Schmitt und Beresowsky.

Ollier hat bei einem Versuchsthier einen Knochen freigelegt, die Knochenhaut vorsichtig abgetrennt und letztere dann an eine andere Stelle des Körpers unter die Haut in das Unterhautbindegewebe eingepflanzt. Das Ergebniss fiel verschieden aus, je nachdem das Gewebsstück auf ein

Individuum derselben Art oder einer anderen Art übertragen wurde. Im ersteren Falle blieb die Knochenhaut
lebensfähig und wurde mit Blut versorgt, indem aus dem
umgebenden Bindegewebe Gefässssprossen in sie hinein-
wuchsen; nach einiger Zeit wurden sogar von der Schicht
der Osteoblasten Knochenlamellen ausgeschieden, so dass
eine kleine Knochenscherbe unter der Haut entstand. Dieselbe war allerdings nur ein vergängliches Gebilde, das
längere Zeit nach seiner Entstehung, weil es sich am unrechten Ort befand und daher functionslos war, wieder
resorbirt wurde. Im zweiten Fall dagegen (bei Uebertragung eines Perioststückes von Hund auf Katze,
Kaninchen, Ziege, Kameel, Huhn etc. oder umgekehrt)
blieb die Knochenneubildung aus; entweder wurde das
transplantirte Stück ganz resorbirt, oder es bildete sich um
dasselbe ein Eiterherd aus, oder es wurde in eine Cyste
eingeschlossen.

P. Bert hat in folgender Weise seine Experimente angestellt: Von weissen, einige Tage alten Ratten trennte er
ein 2—3 cm langes Stück vom Schwanz ab, entfernte die
Haut von demselben und brachte es dem operirten Thier
an einer Stelle unter die Haut ins Unterhautbindegewebe.
Schon nach wenigen Tagen war die Circulation in der
Schwanzspitze durch Verbindung mit den Gefässen der Umgebung wieder hergestellt. Muskeln und Nerven verfielen
einer regressiven Metamorphose, aber die anderen Gewebe,
Knochen, Knorpel, Bindegewebe etc. fuhren lebhaft zu
wachsen fort, so dass die Schwanzspitze, die bei der Transplantation 2—3 cm gross war, bei einigen Thieren, welche
einen, zwei oder drei Monate nach der Operation getödtet
wurden, zu einer Länge von 5—9 cm ausgewachsen war.

Abweichend fiel das Resultat bei Verpflan-

zung von einer auf die andere Art aus. Bei Ueber-
tragungen der Schwanzspitze von Mus decumanus oder Mus
rattus auf Eichhörnchen, Meerschweinchen, Kaninchen,
Katze, Hund oder umgekehrt traten entweder heftige Eite-
rungen ein, welche die Abstossung des verpflanzten Stückes
und häufig auch den Tod des Versuchsthieres zur Folge
hatten, oder es erfolgte bei weniger stürmischem Verlauf
allmähliche Resorption. Ein Ueberleben und Weiterwachsen
der Schwanzspitze wurde nur bei sehr naher systematischer
Verwandtschaft der zum Versuche benutzten zwei Thierarten erzielt. So gelangen Transplantationen von Mus rattus
auf Mus decumanus und umgekehrt, dagegen nicht von Mus
sylvaticus auf Mus rattus.

Zu demselben allgemeinen Ergebniss haben auch neuerdings wieder die Untersuchungen von A. Schmitt und
von Beresowsky geführt. Dem ersteren ist das Ein-
heilen von lebenden Knochenstücken nur bei Uebertragung
zwischen Individuen derselben Art oder von einer zu einer
anderen Körperstelle desselben Individuums geglückt. Beresowsky sah Froschhaut, die auf Hund und Meerschweinchen,
oder Hundehaut, die auf Meerschweinchen transplantirt
wurde, ohne Ausnahme zu Grunde gehen und als Fremd-
körper abgestossen werden.

Dieselben Erscheinungen kehren bei der Ver-
mischung der Blutarten von zwei verschiedenen Thieren wieder, wie alle Experimentatoren,
die sich eingehender mit der Lehre von der Transfusion
beschäftigt haben, in übereinstimmender Weise berichten.
Mag man das Blut unmittelbar von Gefäss zu Gefäss
zwischen zwei Thierarten, zwischen Hund und Kaninchen
oder Hund und Hammel oder umgekehrt überleiten, oder
mag man es in defibrinirtem Zustand einspritzen, der

Erfolg ist ein ziemlich ähnlicher. „Wir haben nicht nur gesehen," bemerkt P o n f i c k, die Ergebnisse seiner Experimente
zusammenfassend, „dass das ungleichartige Blut in starken
Dosen tödtlich, in mittleren schädlich wirkt, sondern auch —
und dies scheint mir die vornehmste Frucht dieser Studien —,
dass seine Sauerstoffträger jedenfalls in ihrer weit überwiegenden Mehrzahl, höchst wahrscheinlich sogar sämmtlich zu Grunde
gehen." Schon nach wenigen Minuten beginnt der Zerfall
der rothen Blutkörperchen bei disharmonischen Blutarten
und die Auflösung des Haemoglobins im Plasma (das Lack-
farbigwerden des Blutes) einzutreten, was in kurzer Zeit
Blutharn zur Folge hat. Da bei Transfusion von gleichartigem Blut (zwischen Individuen derselben und sehr nahe-
stehender Arten) die Haemoglobinurie ausbleibt, selbst
bei sehr grossen Gaben, schliesst P o n f i c k, dass die Blutkörperchen in ihrer weitaus überwiegenden Mehrzahl in dem
fremden Organismus unverändert bestehen bleiben.

Transfusionen zwischen den verschiedensten Thierarten,
zwischen verschiedenen Familien der Säugethiere, zwischen
Säugethieren, Vögeln und Amphibien hat L a n d o i s ausgeführt; er zieht aus ihnen „das für die systematische Ordnung der Thiere wichtige Ergebniss, dass diejenigen Thiere,
welche im System durch anatomische Eigenheiten sich am
nächsten stehen, auch die gleichartigsten Blutarten besitzen",
so zwar, dass „die Transfusion zwischen zwei nahe stehenden Thieren einen am wenigsten schnellen Zerfall des
fremden Blutes nach sich zieht." „So würde die Transfusion
uns ein Mittel an die Hand geben, um in zweifelhaften
Fällen die Verwandtschaft der Thiere zu ermitteln. Das
Blut der Spielarten lässt sich gegenseitig überpflanzen, das
Blut sehr nahe stehender Arten löst sich nur sehr allmählich auf, und die Thiere ertragen grosse Quantitäten so ein-

geführten Fremdblutes; je weiter aber im Systeme die Thiere
sich entfernen, um so stürmischer sind die Erscheinungen
der Auflösung des Fremdblutes, und um so geringere
Mengen ertragen die Thiere in ihren Adern. So erkenne
ich in der Transplantationsfähigkeit des Blutgewebes einen
Stein zur Grundlage eines cellularen Darwinismus."

Bisher sind Transplantationen und Transfusionen
zwischen verschiedenen Thierarten im Hinblick auf prak-
tische Zwecke der Chirurgie und inneren Medicin weniger
von streng physiologischen Gesichtspunkten aus vorgenommen
worden. Aus den hier mitgetheilten Resultaten, die ich für
richtig halte, gegen deren Beweiskraft übrigens aus der
Literatur vereinzelte gegentheilige, mir aber wenig glaub-
würdig erscheinende Angaben geltend gemacht werden
können, glaube ich den auf botanischem Gebiet viel besser
begründeten Schluss auch auf das thierische Gebiet übertragen zu dürfen, den Schluss nämlich: dass die Zellen
und Gewebe ausser ihren specifisch-histolo-
gischen noch allgemeinere Arteigenschaften
besitzen, und dass man wie von einer sexuellen
Affinität der Geschlechtsproducte, auch von
einer vegetativen Affinität der Gewebe sprechen
kann.

Zusammenfassung der Ergebnisse des ersten Abschnitts.

Wenn wir jetzt das auf den vorausgegangenen Blättern
Gesagte zusammenfassen, so spricht für unsere Auffassung,
dass die Zellen sich nur durch erbgleiche Theilung vervielfältigen können, eine grosse Reihe von Thatsachen: erstens
die fundamentale Thatsache, dass bei allen einzelligen Organismen nur erbgleiche Theilung vorkommen kann, da ohne-
dies bei ihnen die Constanz der Art, welche doch durch
die Erfahrung gelehrt wird, nicht möglich sein würde.

Zweitens sind anzuführen die Thatsachen der Reproduction, der Keim- und Knospenbildung, deren weite Verbreitung über alle Theile des Körpers bei niederen Pflanzen
und Thieren leicht begreiflich ist, wenn jede Zelle, wie das
Ei, in Folge erbgleicher Theilung die Anlage zum Ganzen
enthält und daher nur der besonderen Bedingungen bedarf,
um selbst wieder Keimzelle zu werden.

Drittens fallen schwer ins Gewicht die Experimente,
durch welche der Entwicklungsprocess in seinen einzelnen
Stadien abgeändert werden kann, und welche beweisen, dass
die einzelnen durch Theilung entstehenden Zellen nicht
durch einen vorausbestimmten Plan unabweislich nur für
eine bestimmte Rolle von vornherein prädestinirt sind.
(Thatsachen der Regeneration und Heteromorphosen.)

Viertens lehren die Ergebnisse der Pfropfung, der Transplantation und Transfusion, dass die Zellen und Gewebe
eines Organismus ausser ihren sichtbaren, histologischen
Eigenschaften auch noch latente Eigenschaften besitzen,
welche sich als der Art eigenthümlich nachweisen lassen.

Wie sucht nun Weismann diesen Thatsachen gegenüber seine Hypothese der erbungleichen Theilung zu retten?
Durch Aufstellung verschiedener Zusatzhypothesen, die, wie
wir gesehen haben, im Wesentlichen darauf hinauslaufen,
dass er den Theil der Anlagen, welchen er durch erbungleiche Theilung aus den Zellen herausbefördert hat, wieder
durch eine Hinterthür in sie hineinschlüpfen lässt. Es geschieht dies durch die Annahme, dass das Keimplasma
gleichzeitig sowohl erbungleich als auch erb-
gleich getheilt werden kann. Die Zelltheilung
gewinnt so für diese Fälle gewissermaassen ein
doppeltes Gesicht. Nach Weismann ist dies möglich,
weil das Ei den das Wesen einer Art ausmachenden An-

lagenverband (das Id) gleich vielmals (unter Umständen 100 Mal) enthält. Schon die Ide des zur ersten Theilung sich anschickenden Eies erscheinen bei W e i s m a n n in zwei Gruppen getheilt, in eine active und in eine Reservearmee. Die active Armee wird durch erbungleiche Theilung allmählich in die Divisionen, Brigaden, Regimenter der den einzelnen Zellgruppen zufallenden Determinanten etc. zerlegt und führt auf diese Weise nach einem vorbestimmten Plan die Evolution des Entwicklungsprocesses aus. Die passive Reservearmee dagegen wird durch erbgleiche Theilung vervielfältigt und wird, wo es die Hilfsannahmen nothwendig machen, gewissen Theilen der operirenden Armee als Beigabe mitgegeben, aber in einem gebundenen oder inactiven Zustand, so dass sie auf den Verlauf des normalen Entwicklungsprocesses und auf den Charakter der sie bergenden Zellen keinen Einfluss hat (gebundenes Keimplasma, inactives Nebenidioplasma, Knospungsidioplasma).

Trotz dieser r e i n w i l l k ü r l i c h e n Hilfsannahmen bleibt es, wie mir durch die mitgetheilten Thatsachen bewiesen zu sein scheint, ein durchaus unhaltbarer Standpunkt, wenn W e i s m a n n nur einem Theil der Zellen, je nachdem er es gerade braucht, „gebundenes Keimplasma als Reservearmee" zutheilt. Angesichts der von D r i e s c h, W i l s o n und mir angestellten Experimente, die lehren, wie aus der Hälfte oder einem Viertel des Eies ein ganzer Embryo werden kann, und wie die ersten Kerngenerationen gleich einem Haufen von Kugeln im Eiraum durch einander gewürfelt werden können, bleibt für die W e i s m a n n'sche Theorie eigentlich nichts Anderes übrig, als jede Zelle mit Nebenidioplasma für unvorhergesehene Fälle auszurüsten. Freilich verliert hierbei der andere Theil der Theorie, die Determinantenlehre, der complicirte, in der festen Architektur

des Keimplasmas begründete Entwicklungsmechanismus sein
Rückgrat und seine erklärende Bedeutung. Denn man denke
sich die Verwirrung, die entstehen muss, wenn durch äussere
Eingriffe bald in dieser, bald in jener Weise die Abtheilungen
der activen Armee in Unordnung gebracht werden, und wenn
dann den zerstreuten Trümmern derselben die Reservearmeen
mit ihrem Vorrath latenter Anlagen zur Hilfe kommen
sollen. Wer gebietet den durch den prästabilirten Plan zur
Activität bestimmten Anlagen, jetzt latent zu bleiben an
Stellen, wo es nicht mehr passt, und wer reactivirt die ursprünglich gebundenen Anlagen der Reservearmee an
Stellen, wo ihre Hilfe nothwendig geworden ist? Was hat
es überhaupt für einen Zweck, wenn die Annahme activer
und passiver Anlagen in einer Zelle doch einmal nicht zu
umgehen ist, eine so scharfe Trennung in zwei Armeen vorzu-
nehmen, in eine active Armee, die nach einem bis ins
feinste Detail vorausbestimmten Plan ihre Evolutionen aus-
führt, und eine zur Passivität verurtheilte und als Beigabe
ihr zugesellte Reservearmee?

Und damit kommen wir auf den rothen Faden, der sich
durch die Keimplasmatheorie in allen ihren Metamorphosen,
die sie durchgemacht hat, unverändert hindurchzieht. Auf
die Trennung legt Weismann den allergrössten
Werth; denn die Zwiespaltigkeit des Entwicklungsprocesses ist ein Cardinalpunkt
seiner Theorie, der mit seiner Lehre von der
Unsterblichkeit der Einzelligen und des Keimplasmas und der Sterblichkeit der Körperzellen
zusamenhängt.

Zwischen Körperzellen und Fortpflanzungszellen nimmt
Weismann eine nicht zu überbrückende Kluft an. Denn
nur die letzteren enthalten wirkliches Keimplasma und

tragen allein die Bedingungen zur Erhaltung der Art in sich, indem sie zum Ausgang für neue Entwicklungsprocesse dienen, die Körperzellen dagegen sind nur mit Fragmenten vom Keimplasma ausgerüstet, in Folge dessen zur Erhaltung der Art ungeeignet und dem Untergang verfallen. Die Geschlechtszellen werden wie die einzelligen Organismen als unsterblich, die Körperzellen dagegen als sterblich bezeichnet. Zwischen diesen beiden Kategorieen von Zellen kann es nach Weismann keine Uebergänge geben.

Nach unserer Auffassung der Natur ist der hervorgehobene Gegensatz nur künstlich in sie hineinphilosophirt worden. Für uns existirt er aus verschiedenen Gründen nicht: Erstens halten wir auf Grund der früher aufgeführten Thatsachen überhaupt schon die Annahme einer erbungleichen Theilung der Zelle (und mithin auch des Keimplasmas) für nicht berechtigt, weil willkürlich. Zweitens gehören die Geschlechtszellen ebenso gut zum Körper eines Organismus, von welchem sie sogar oft den beträchtlichsten Theil, wie z. B. bei vielen Parasiten, ausmachen, wie ein jedes andere Gewebe und sind daher auch demselben Tod wie diese verfallen, wenn sie nicht zuvor unter die zu ihrer Entwicklung nothwendigen Bedingungen haben gebracht werden können. Unter diesen Verhältnissen können aber auch andere Zellencomplexe, zum Beispiel Stecklinge, die man aus den Zweigen eines abgehauenen Weidenbaums anfertigt, von dem sonst unvermeidlichen Tod gerettet werden. Drittens stehen die Geschlechtszellen zur Eizelle ihrer Abstammung nach in keinem anderen Verhältnis als alle übrigen Gewebszellen. Sie entstehen wie diese im vielzelligen Organismus durch Differenzirung aus dem von der Eizelle abstammenden Zellenmaterial und erhalten wie jedes andere Organ auf Grund der allgemeinen Wechselbeziehungen der

Zellen zu einander ihre bestimmte Stelle im Entwicklungsplan. Häufig sehen wir sogar die Geschlechtszellen durch
zahlreichere Zellgenerationen vom Ei getrennt, als alle
übrigen Gewebe, so vor allen Dingen bei pflanzlichen und
thierischen Organismen, bei denen erst nach einer oder
mehreren ungeschlechtlichen Generationen wieder eine geschlechtliche Generation auftritt. (Viele Pflanzen, Coelenteraten, Würmer, Tunicaten.)

Bei dieser Auffassung können wir auch die Annahme besonderer Keimbahnen im Sinne von Weismann nicht billigen. Natürlich bestreiten wir nicht, dass
die Geschlechtszellen sich durch bestimmte Folgen von Zelltheilungen vom Ei herleiten lassen müssen; aber dasselbe gilt
ebenso für alle anders differenzirten Zellen, für Muskel-,
Leber-, Nieren-, Knochenzellen. Die Aufstellung besonderer
Keimbahnen hat keinen grösseren Erkenntnisswerth als die
Unterscheidung von Muskel-, Leber-, Nieren-, Knochen-
zellenbahnen. Wenn Weismann an die Keimbahnen die
Hypothese knüpft, dass bestimmten Zellenbahnen etwas
Keimplasma beigegeben worden sei, so sind für diese An-
nahme die Beweise erst noch herbeizubringen.

Zum Schluss noch ein Wort über den Begriff „unsterblich“. Ein solcher Begriff kann natürlich in einem
wissenschaftlichen Werk nur in philosophischem Sinne gebraucht werden. Alsdann aber versteht man unter einem
unsterblichen Wesen sowohl ein persönliches, als auch ein
untheilbares. Wenigstens ist das die Ansicht der alten
Philosophen, welche an dem Unsterblichkeitsbegriff fest-
gehalten haben. „So sollte ich meinen,“ heisst es in der
Theodice von Leibniz, „dass die Seelen, welche eines
Tages menschliche Seelen sein werden, im Samen dagewesen
sind, dass sie in den Voreltern bis auf Adam, also seit dem

Anfang der Dinge, immer in der Form organisirter Körper existirt haben."

In seiner Unsterblichkeitslehre hat sich Weismann um die beiden Erfordernisse des Unsterblichkeitsbegriffes, Untheilbarkeit und Persönliehkeit, nieht gekümmert. Er nennt einfach den einzelligen Organismus unsterblich, weil er gewissermaassen in den durch Theilung aus ihm hervorgehenden Organismen fortlebt. Die Unsterblichkeit der Einzelligen beruht in ihrer Theilbarkeit, in einer Eigenschaft, welche mit dem philosophischen Begriff der Unsterblichkeit nicht zu vereinbaren ist. Bei Weismann vermehrt sieh das eine Unsterbliche in viele Unsterbliche, die aber, da die Einzelligen durch äussere Eingriffe beständiger Zerstörung unterliegen, im Einzelnen beständig sterblich sind. Genau genommen ist daher das Einzellige nieht als solches, sondern nur insofern es sich in einem anderen fortsetzt, unsterblich. Dadurch kommt Weismann wieder mit dem Individualitätsbegriff in Conflict, den er sieh in Folge dessen umzugestalten genöthigt sieht. Denn er meint, „dass es bei den Einzelligen keine zeitlich von einander abgegrenzten Individuen gebe, sondern dass das räumlich wohl abgegrenzte Bion zeitlich in Vorgänger und Nachfolger übergehe, also in gewissem Sinne dasselbe Individuum sei." Consequenter Weise müsste dann Weismann auch dasselbe von der Geschlechtszelle, welche seiner Theorie zufolge ebenso wie der einzellige Organismus unsterblich ist, behaupten und alle von einer Geschlechtszelle abstammenden Geschlechtszellen (nebst den aus ihnen entwickelten Personen) in demselben Sinne als dasselbe Individuum betrachten. In demselben Maasse als die „Einzelligen" ist dann auch Adam unsterblich, insofern er in der Menschheit fortlebt.

Kurz und gut, Weismann bezeiehnet als unsterblich

nicht das einzellige Individuum schlechthin, sondern die
Summe der von einander abstammenden, nach und neben
einander lebenden gleichartigen Individuen, das heisst: d e n
A r t b e g r i f f.

Was W e i s m a n n mit dem Worte der Unsterblichkeit
des Keimplasmas hat ausdrücken wollen, ist meiner Meinung
nach nichts Anderes als die C o n t i n u i t ä t d e s E n t w i c k -
l u n g s p r o c e s s e s. So sagt er selbst auch gelegentlich
einer Vertheidigung, bei welcher er aber seinen einmal ein-
genommenen Standpunkt aufzugeben nicht gesonnen ist, er
wolle unter Unsterblichkeit der Einzelligen nur „die unsterbliche Bewegungsform organischer Materie" oder „eine Be-
wegung organischer Materie, die immer wieder in sich selbst
zurückläuft", verstanden wissen.

Damit hat W e i s m a n n selbst eigentlich eingeräumt.
dass seine Unterscheidung zwischen unsterblichen Einzelligen,
unsterblichem Keimplasma und sterblichen Körperzellen ein
Missgriff ist. Denn die Continuität des Entwicklungsprocesses oder die Bewegungsform organischer Materie beruht ja gerade auf fortschreitender Neubildung und nach
einiger Zeit nachfolgender Zerstörung der neugebildeten
Materie, hat aber keineswegs den fortdauernden Bestand
der einmal organisirten Materie selbst zur Voraussetzung.
Auch von diesem Gesichtspunkt wird die Unsterblichkeit
der Einzelligen und des Keimplasmas hinfällig, und vor allen
Dingen auch der künstlich geschaffene Unterschied zwischen
Geschlechts- und Körperzellen, da an letzteren doch jedenfalls auch der organische Entwicklungsprocess oder die Bewegungsform der organischen Materie sich abspielt.

Somit lautet das Ergebniss des ersten Abschnitts:

D i e   Z e l l e n   v e r m e h r e n   s i c h   a l l e i n   d u r c h
e r b g l e i c h e   T h e i l u n g.   Z w i s c h e n   K ö r p e r -   u n d

Geschlechtszellen besteht kein principieller
Gegensatz, keine Kluft, die sich nicht über-
brücken lässt. Die Continuität des Entwicklungsprocesses beruht auf dem Vermögen der
Zelle, zu wachsen und sich zu theilen, und ist
daher schon ausgedrückt in den Sätzen: Omnis
cellula e cellula, omnis nucleus e nucleo. Was
die Lehre von der Continuität des Keimplasmas
zu diesen Sätzen Neues hinzufügen will, beruht
auf Irrthum und steht mit den von der Natur
gegebenen Thatsachen im Widerspruch.

Zweiter Abschnitt.

Einwände gegen die Determinantenlehre.

Mit der Annahme einer erbungleichen Theilung hat
Weismann seine Determinantenlehre in Verbindung gebracht. Er denkt sich, dass jede kleine Zellgruppe des
fertigen Körpers, die eine besondere Eigenschaft und eine
besondere Lage im Ganzen besitzt, sowie überhaupt eine
jede Zellengruppe, die selbstständig variabel ist, schon im
Ei und Samenfaden vertreten ist durch eine Anzahl von
kleinsten Stofftheilchen, den Biophoren, die, zu einer Gruppe
vereint, eine Determinante bilden. Die zahllosen Determinanten aber lässt er wieder im Keimplasma so angeordnet
und mit solchen Kräften ausgestattet sein, dass sie während
der Entwicklung zur rechten Zeit an den rechten Ort geführt werden, an welchen sie zu ihrer Entfaltung kommen
müssen. Für ein Säugethier mit buntem Haarkleid zum
Beispiel würden so viele architektonisch angeordnete
Determinanten vorhanden sein müssen, als das Haarkleid

durch Farbe und Länge der Haare unterschiedene Flecke
und Streifen aufweist.

Diese von Weismann zu einem klaren und scharfen
Ausdruck gebrachten Ideengänge treten uns in mehr oder
minder verschwommener Form nicht selten in der biologischen Litteratur, namentlich der Thierbiologie, entgegen.
Sie beruhen nach unserer Ansicht auf einer falschen An-
wendung des Causalitätsbegriffes, auf einer falschen Beurtheilung des Wechselverhältnisses zwischen Anlage und
Anlageproduct, welche beide sich wie Grund und Folge zu
einander verhalten.

Weil aus einem bestimmten Ei, wenn der Entwicklungsprocess kein Hinderniss erfährt, immer eine bestimmte
Thierform mit Nothwendigkeit hervorgeht, wird vielfach
bald mehr bald minder unbewusst fast eine vollständige
Identität von Anlage und Angelegtem, von Grund und
Folge angenommen. Man stellt es fast so dar, als ob der
sich entwickelnde Organismus ein in sich abgeschlossenes
Kräftesystem, eine Art von organischem Perpetuum mobile
sei. Man übersieht, dass beim Ablauf des Entwicklungsprocesses sich auch noch zahlreiche
Bedingungen erfüllen müssen, ohne welche
niemals das Anlageproduct aus der Anlage
hervorgehen kann.

Wenn aus dem Ei mit Nothwendigkeit dieselbe End-
form immer entsteht, so hängt dies doch nur lediglich
davon ab, das beim gewöhnlichen Verlauf der Dinge die
Eizellen sich stets unter denselben Bedingungen der Stoffaufnahme und -Abgabe befinden und in derselben Weise
der Einwirkung der Schwerkraft, des Lichtes und der
Wärme etc. unterworfen sind. Deshalb dürfen wir aber
noch keineswegs die Rolle der Bedingungen, als ob sie

gar nicht existirten, ausser Acht lassen, wenn es sich darum handelt, den organischen Entwicklungsprocess ursächlich zu begreifen.

Bleiben wir bei diesem wichtigen Punkt, dessen Bedeutung häufig so vollständig verkannt wird, noch einen Augenblick stehen.

Jeder organische Entwicklungsprocess beruht in erster Linie auf Stoffaufnahme und Stoffmetamorphose; unorganisirter Stoff wird fortwährend organisch gemacht und dient zum Wachsthum und zur Entwicklung der Anlage. Daher ist, was auf einem vorausgehenden Stadium als unorganisirter Stoff oder als eine der äusseren Entwicklungsbedingungen der Anlage geboten wird, in dieselbe auf einem nächstfolgenden Stadium als Bestandtheil mit eingegangen. Dottermaterial des Eies zum Beispiel, welches in Bezug auf die Anlagesubstanz ebenso wie der atmosphärische Sauerstoff als etwas von aussen Gegebenes und als äussere Entwicklungsbedingung erscheint, geht so fortwährend in die Anlage selbst mit ein und verändert sie, auch für den Fall, dass die Veränderung nur eine rein quantitative ist. Mithin lehrt schon eine einfache Ueberlegung, dass während des organischen Entwicklungsprocesses stetig Aeusseres in Inneres verwandelt wird, oder dass die Anlage continuirlich auf Kosten der Bedingungen wächst und sich verändert.

Und nun bedenke man, dass das Ei und das entwickelte Thier zwei Endzustände der organisirten Materie sind, die durch eine fast unübersehbar lange Stufenreihe verbindender Formzustände von einander getrennt sind; man bedenke, dass jede Entwicklungsstufe Anlage und Grund für die nächste Stufe ist, die als Folge aus ihr

hervorgeht; man bedenke, dass, was auf einer früheren
Stufe als eine äussere Bedingung erscheint, auf der nächstfolgenden Stufe in die Anlage selbst mit eingegangen ist
und sie in ebendem Maasse verändert hat, und man wird
erkennen, wie es schon bei rein logischer Betrachtung ein
Fehler ist, wenn man für alle Eigenschaften, die am End-
glied der Entwicklungskette zu erkennen sind, die bewirkenden Ursachen schon im Anfangsglied gegeben annimmt. Der Fehler liegt darin, dass man bei diesem Verfahren nicht unterscheidet zwischen dem, was von Anfang
an im Ei als Grund enthalten, und zwischen dem, was
während des Entwicklungsprocesses auf jeder Stufe von
den äusseren Bedingungen in die Anlage mit eingegangen
ist. Wenn zwischen Anlage und Anlageproduct keine ab-
solute Identität besteht, was nicht der Fall sein kann, dann
ist es falsch, die sichtbare Mannigfaltigkeit des End-
stadiums des Entwicklungsprocesses in entsprechende, nur
unsichtbare Mannigfaltigkeit des Anfangsstadiums einfach
zurück zu verwandeln, wie es die alten Evolutionisten
gethan haben und die neuen Evolutionisten wieder versuchen.

Zu diesem einen Fehler kommt aber in der Determinantenlehre noch ein zweiter hinzu. Derselbe hängt mit
dem ersten auf das Innigste zusammen und besteht, kurz
gesagt, darin, dass in eine Zelle — und das sind ja doch
Ei und Samenfaden ihrer Natur nach — nicht nur Eigenschaften hineinverlegt werden, welche der Zelle als solcher
eigenthümlich sind, sondern auch Eigenschaften, welche erst
das Resultat des Zusammenwirkens vieler Zellen sind.

Die Eigenschaften eines ausgebildeten, functionirenden
Organismus, sei er Pflanze oder Thier, sind ja ausserordentlich zahlreiche und dabei von sehr mannigfaltiger

und ihrem Wesen nach sehr ungleicher Art. Manche beruhen auf dem normalen Zusammenwirken fast aller Theile des Körpers oder einer Gruppe von Organen, andere sind einem Organ eigenthümlich und können sich auf seine Form, Structur, Lage, Function u. s. w. beziehen, andere gehören der einzelnen Zelle oder auch nur ihren einzelnen Theilen an. Sollen nun wirklich alle diese so vollständig heterogenen Eigenschaften im Keim ihre besonderen stofflichen Träger haben, mögen dieselben nun einfache Biophoren oder Gruppen von solchen (Determinanten) sein?

Ich kann mir die Zelle nur mit stofflichen Trägern solcher Eigenschaften ausgestattet denken, welche von der Zelle für sich schon verwirklicht werden können. Eine Geschlechtszelle kann demnach wohl Stofftheilchen als Anlagen für Bildung von Hornsubstanz, von Chondrin, Ossein etc., von Pigment, Chlorophyll, von Nervenfibrillen, Muskelfibrillen, dagegen nicht für Bildung eines Haares oder eines bestimmten Spinalknotens oder des Musculus biceps humeri enthalten. Anlagen für Haare, Spinalknoten, Muskeln etc. können nur Zellgruppen sein. Denn nur Zellgruppen, aber nicht besonders gruppirte Stofftheilchen einer Zelle können zu Haaren, Spinalknoten, Muskeln etc. auswachsen.

Schon in einem kurzen Vortrag aus dem Jahre 1892 habe ich mich in ähnlichem Sinne geäussert, indem ich sagte: „Der Fehler, in welchen schon so viele Forscher bei ihren Speculationen über das Wesen der Entwicklung verfallen sind, besteht darin, dass sie Merkmale des ausgebildeten Organismus in die ungetheilte Eizelle einfach hineintragen und so die Dotterkugel mit einem System kleinster Theilchen bevölkern, die gröberen Theilen des

Organismus qualitativ und auch in räumlicher Anordnung entsprechen sollen. Bei diesem Verfahren wird übersehen, dass das Ei ein Organismus ist, der sich durch Theilung in zahlreiche, ihm gleichartige Organismen vermehrt, und dass erst durch die Wechselwirkungen aller dieser zahlreichen Elementarorganismen auf jeder Stufe der Entwicklung sich der Gesammtorganismus allmählich fortschreitend gestaltet."

Dass man in der Zelle nicht stoffliche Träger für Eigenschaften annehmen darf, die dem Wesen der Zelle fremd sind und ihm zuwiderlaufen, hat Weismann zum Theil schon selbst bei einer Besprechung der Pangene von de Vries herausgefühlt. Ueber den Versuch, die Zebrastreifung durch die Annahme von Pangenen zu erklären, heisst es: „Zebrapangene kann es nicht geben, weil die Zebrastreifung keine Zelleneigenschaft ist; es kann vielleicht, kurz gesagt, „schwarze" und „weisse" Pangene geben, deren Anwesenheit die schwarze oder weisse Färbung einer Zelle bedingen. Aber die Zebrastreifung beruht nicht auf Entwicklung von Schwarz und Weiss innerhalb einer Zelle, sondern auf der regelmässigen Abwechselung von Tausenden, streifenweise angeordneten schwarzen oder weissen Zellen." Und ferner: „Der gesägte Rand eines Blattes kann nicht auf der Anwesenheit von „Sägepangenen" beruhen, sondern er beruht auf eigenthümlicher Anordnung der Zellen des Blattrandes. Ebenso verhält es sich fast bei allen Charakteren, die wir als sichtbare „Eigenschaften" der Art, Gattung, Familie u. s. w. bezeichnen, so bei der Grösse, Structur, Befilzung, Gestalt eines Blattes, den charakteristischen und oft so durchaus constanten Farbenflecken auf Blumenblättern (Orchideen) u. s. w. Alle diese

„Eigenschaften" kommen nur durch das ordnungsmässige Zusammenwirken vieler Zellen zu Stande."

Trotz dieses gewiss richtigen Ausspruches ist Weismann selbst in den Fehler, den er rügt, in seiner Determinantenlehre verfallen. Denn dadurch, dass man die Eigenschaften von Zellgruppen und Organen des fertigen Körpers in der Eizelle anstatt durch einfache Stofftheilchen (Pangene) durch architektonisch angeordnete Gruppen von solchen (Determinanten) vertreten werden lässt, wird an der Sachlage nichts geändert, dass in die Zelle Verhältnisse hineingetragen werden, welche ihrem Wesen selbst zuwiderlaufen. Was Weismann von den Pangenen gesagt hat, genau dasselbe kann man auch mit Fug und Recht aus genau denselben Gründen gegen seine Determinanten vorbringen: „Zebradeterminanten, Sägedeterminanten etc. kann es nicht geben, weil die Zebrastreifung, weil der gesägte Rand eines Blattes keine Zellen-Eigenschaft ist."

Ein Vergleich wird den Fehler, der hier in der Determinantenlehre von Weismann liegt, noch in ein klareres Licht setzen.

Der menschliche Staat lässt sich als ein höherer, zusammengesetzter Organismus auffassen, der sich aus der Vereinigung zahlreicher Menschen unter Sonderung derselben in viele Berufsklassen zu einer immer complicirter werdenden Form entwickelt hat. Wenn wir nun, lediglich zur besseren Durchführung unseres Vergleiches, die Annahme machen, dass alle zum Staate verbundenen Individuen sich ihrer Abstammung nach von einem Anfangspaar herleiten lassen, so würde sich dasselbe als die Anlage des Staates bezeichnen lassen und für seine Entstehung dieselbe Bedeutung besitzen, wie die befruchtete

Eizelle für den ausgebildeten Thierkörper. Die Eigenschaften des Staates, seine verschiedenen Organisationen zum Schutz, zur Bewirthschaftung des Bodens, für Verkehr, für Verwaltung und Unterricht müssen sich aus den Eigenschaften des ersten Menschenpaares als der staatlichen Anlage und aus den äusseren Bedingungen, unter denen es und die von ihm abstammenden Generationen sich entwickelt haben, causal erklären lassen.

In diesem Falle würde es gewiss nun Niemandem einfallen, zur Erklärung des Causalitätsverhältnisses die im Staatsorganismus sichtbare Mannigfaltigkeit der für bestimmte Zwecke verbundenen und verschieden differenzirten Individuen sich in dem ersten Menschenpaar als ihrer Anlage schon präformirt zu denken in Gruppen kleinster Stofftheilchen, welche gewissermaassen die stofflichen Anlagen der bei der staatlichen Entwicklung zur Ausbildung gelangenden Dorf- und Stadtgemeinden, der Ackerbau und Industrie treibenden Verbände, der Aerztekammern, Parlamente, Ministerien, Heereskörper etc. sind. Ein Jeder fühlt hier ohne viele Ueberlegung, wie dieser Versuch zur Erklärung des Causalitätsverhältnisses sich auf einem falschen Geleise bewegt, wie es verkehrt ist, die complicirten Eigenschaften des staatlichen Organismus aus einem System architektonisch angeordneter Stofftheilchen, das man in's erste Menschenpaar hineinconstruirt, erklären zu wollen. Die durch das Zusammenwirken vieler Menschen entstehenden Organisationen sind etwas Neues und können nicht als schon im Einzelmenschen vorhandene Organisationen vorgestellt werden. Trotzdem sind sie in der menschlichen Natur begründet, aber nicht in der zum Vergleich angenommenen grob mechanischen Weise.

Was für das Causalitätsverhältniss zwischen
Staatsorganismus und Mensch, dasselbe gilt
aber auch ceteris paribus für das zu erklärende
Causalitätsverhältniss, welches zwischen Ei-
anlage und dem aus ihr entwickelten Geschöpf
besteht. In der Richtung der Weismann'schen
Determinantenlehre kann eine Erklärung von
vornherein nicht versucht werden, weil sie auf
einer schon im Princip verfehlten Annahme beruht und Organisationen, die auf Zellverbänden
beruhen, als Organisationen von Stofftheilchen
in die Zelle selbst hineinverlegt.

„Wir bedürfen, um die Erblichkeit zu begreifen," bemerkt schon Nägeli ganz richtig, „nicht für jede durch
Raum, Zeit und Beschaffenheit bedingte Verschiedenheit ein
selbstständiges, besonderes Symbol, sondern eine Substanz,
welche durch die Zusammenfügung ihrer in beschränkter
Zahl vorhandenen Elemente jede mögliche Combination von
Verschiedenheiten darstellen und durch Permutation in eine
andere Combination derselben übergehen kann."

Vom cellularen Standpunkt aus lässt sich dieser Gedankengang noch besser dahin formuliren: Die in der
Ei- und Samenzelle enthaltene Erbmasse kann
nur aus Stofftheilchen zusammengesetzt sein,
die Träger von Zelleneigenschaften sind. Jeder
zusammengesetzte Organismus kann seine
Eigenschaften nur in der Form von Zelleneigenschaften vererben. Die zahllosen unendlich variablen Eigenschaften der Pflanzen und
Thiere, welche in der verschiedenen Form,
Structur und Function ihrer Organe und Gewebe und in den besonderen Verbindungsweisen

derselben unter einander zum Ausdruck kommen,
sind zusammengesetzter Art; sie beruhen auf
der Wechselwirkung vieler Zellen und können
als solche nicht durch stoffliche Träger in der
Erbmasse einer Zelle vertreten sein, es sind
Neubildungen, die erst bei der Vervielfältigung
der Zelle durch die hierbei gleichzeitig statt-
findende verschiedenartigste Combination der
Zelleneigenschaften entstanden sind.

Wie auf den vorausgegangenen Blättern aus allgemeinen
Erwägungen, soll schliesslich die Unhaltbarkeit der Determinantenlehre auch noch durch Analyse eines concreten
Falles nachzuweisen versucht werden. Als ein oft studirtes
und genauer bekanntes Object kann uns hierbei das
Froschei dienen, sein Furchungsprocess, die Entwicklung
der Keimblase, der Gastrula und der Keimblätter.

Beim Furchungsprocess spielt der Kern die Hauptrolle, von welchem wir angenommen haben, dass er der
Träger der Erbmasse sei. Den Anstoss zu seiner Theilung
giebt nun aber gewiss keine einzelne, besondere Determinante, vielmehr das Zusammenwirken aller Stofftheilchen,
welche für die Natur des Kerns wesentlich sind. Durch
Assimilation von Substanz aus dem Dotter muss sich die
Chromatinmasse, die wir uns aus selbstständig wachsenden
und theilbaren Einheiten aufgebaut vorstellen, verdoppelt
haben, vielleicht muss gleichzeitig auch das Central-
körperchen auf das Doppelte gewachsen sein, ehe der Kern
in den Zustand der Theilung eintritt. Dieser Zustand erscheint somit als die nothwendige Folge zahlreicher, verschiedener Ernährungs- und Wachsthumsprocesse, als das
Resultat complicirter chemischer Vorgänge, die sich an den
einzelnen elementaren Lebenseinheiten des Kerns vollziehen.

Die Vervielfältigung des Kerns in **2**, **4**, **8** Tochterkerne
u. s. w. giebt dann wieder den Anstoss zur Zerlegung des
Dotters in entsprechend viele Zellen ab, wobei die Richtung
der Theilebenen, das Lageverhältniss und die ungleiche
Grösse der Zellen unter normalen Verhältnissen eine strenge
Gesetzmässigkeit aufweisen. Aber auch dies ist, wie sich
direct nachweisen lässt, nicht die Folge besonderer, im
Kern gelegener Determinanten. Denn alle diese Erscheinungen, welche dem Furchungsprocess sein eigenartiges
Gepräge beim Froschei, sowie überhaupt auch an anderen
Objecten verleihen, werden ausschliesslich von den besonderen Eigenschaften der den Kern einhüllenden Dottermasse
aus determinirt.

Wie bei verschiedenen Gelegenheiten von mir festgestellt worden ist, bestimmt die äussere Form der Eizelle
und die Anordnung ihres Inhalts nach der specifischen
Schwere ihrer verschiedenen Stofftheilchen die Stellung des
Kerns und die Richtung der aufeinander folgenden Theilebenen. Und ebenso hängt die ungleiche Grösse der
Furchungszellen und der ungleich rasche Rhythmus, in welchem sich später die animalen und die vegetativen Zellen
theilen, von der Beschaffenheit des Dotters ab, von der
Sonderung desselben in protoplasmareichere und protoplasma-
ärmere Abschnitte und vom verschiedenen Gehalt an Protoplasma, welchen in Folge dessen die einzelnen Furchungs-
stücke führen.

Nun ist in manchen Fällen eine Uebereinstimmung in
der Lage der ersten drei Theilebenen und der späteren
Hauptebenen des aus dem Ei entstehenden Thieres festgestellt und von Roux und Weismann für die Ansicht
verwerthet worden, dass durch den Kerntheilungsprocess
Kerne von verschiedener stofflicher Qualität entstanden

seien, und dass dadurch die links und rechts von der Medianebene gelegenen Dottermassen sich zur rechten und linken Hälfte des Embryo auszubilden bestimmt werden, und ebenso die durch die erste Transversal- und Horizontalebene gesonderten Stücke des Eies zum embryonalen Kopf- und Schwanz-, zum Bauch- und Rückentheil.

Auch für diese Verhältnisse glaube ich auf das Unzweideutigste gezeigt zu haben, dafs sie sich, anstatt durch die Annahme besonderer, geheimnissvoll wirkender, hypothetischer Determinantengruppen der Kerne, lediglich aus der specifischen Form des ganzen Eies und aus der Differenzirung seines Dotters erklären lassen. Da sich der embryonale Körper aus den Massentheilchen des Eies aufbaut, muss die Massenvertheilung innerhalb desselben für die Formbildung des Embryo von Einfluss sein, wie sich von vornherein von selbst versteht. Daher nannte ich in meiner kürzlich veröffentlichten Abhandlung das befruchtete Ei eine Form, welcher sich der werdende Embryo, besonders auf den Anfangsstadien der Entwicklung, in vielfacher Beziehung anpassen muss.

So muss, um das Gesagte an einigen Beispielen zu veranschaulichen, der Vertheilung der Massentheilchen des befruchteten Eies die Massenvertheilung in der Keimblase entsprechen, da bei der Zerlegung in Zellen die räumliche Anordnung der Substanzen von ungleichem Gewicht keine Aenderung erfährt. (Polar differenzirte Keimblase der Amphibien, Keimblase mit ungetheiltem Nahrungsdotter der meroblastischen Eier.) In diesem Falle sind die mehr oder minder reichliche Ansammlung von Dottersubstanz und die Schwerkraft, welche eine Sonderung des Inhalts nach dem Gewicht der Stofftheilchen bewirkt hat, die Deter-

minanten für die besondere Art des Entwicklungsprocesses,
nicht aber im Kerne gelegene Gruppen besonderer Stofftheilchen.

So muss ferner aus einem ovalen oder längsgestreckten
Ei auch eine ovale oder längsgestreckte Keimblase, aus dieser
eine ebenso orientirte Gastrula u. s. w. hervorgehen, da die
ursprünglich gegebene Massenvertheilung der Eisubstanzen
vom vorausgehenden auf das nachfolgende Entwicklungs-
stadium einfach übertragen wird. (Ovale Eier von Triton,
Insecteneier etc.)

So wird endlich auch bei manchen Eiern, denen ausser
ihrer polaren Differenzirung noch eine bilateral-symmetrische Organisation in der Vertheilung ihrer Substanzen von
ungleicher Schwere und verschiedenem physiologischen
Werth zukommt, die Keimblase aus dem oben erwähnten
Grunde gleichfalls eine bilateral-symmetrische Form annehmen.

Wenn daher bei polar differenzirten Eiern, die entweder
einen längeren Durchmesser oder eine bilateral-symmetrische Organisation besitzen, unter normalen Verhältnissen
die Richtungen der beiden ersten Theilungen mit den
Richtungen der späteren Hauptebenen des Embryo an-
nähernd zusammenfallen, so ist die Ursache für dieses Zu-
sammentreffen schon in dem Bau der Eizelle gegeben und
nicht in qualitativen Sonderungsprocessen zu suchen, welche
der Kerninhalt durch die ersten Theilungen nach Weismann und Roux erfahren soll. Nach dieser Richtung
erklären sich die Beobachtungen von van Beneden und
Jülin am Ascidienei, von Wilson am Ei von Nereis, von
Roux am Ei von Rana esculenta, von mir an Eiern von
Triton etc.

Ebenso wenig wie beim Furchungsprocess kann uns

die Determinantenlehre W e i s m a n n s bei der Analyse der
Bildung der Keimblase, der Gastrula und der Keimblätter
Dienste leisten.

Die Bildung der Keimblase scheint mir auf dem Zu-
sammengreifen folgender Vorgänge zu beruhen: 1) darauf.
dass durch die Theilungen der Eizelle zwischen den 4, 8, 16
Stücken etc. Lücken entstehen, durch welche der ganze
Eiinhalt eine Auflockerung erfährt; 2) darauf, dass, je mehr
sich die Zellen durch Theilung vervielfältigen und an Um-
fang kleiner werden, sie sich besonders nach der Oberfläche
des Ganzen zu mit ihren Seitenflächen fester aneinander-
legen und so eine Anordnung annehmen, die man als epi-
theliale bezeichnet; 3) darauf, dass durch Flüssigkeitsabsonderung sich eine immer grösser werdende centrale
Höhlung ausbildet in demselben Maasse, als die oberflächlichen Zellen fester zusammenschliessen, womit wahrscheinlich auch eine Zunahme des inneren Druckes und eine
grössere Spannung der Blasenwand einhergeht.

Hat nun irgend einer dieser Processe etwas mit der
Zerlegung des Kerninhalts in qualitativ verschiedene Determinantengruppen zu thun? Doch in keiner Beziehung,
denn dass das Ei in viele Stücke zerlegt wird, ist eine
allgemeine Eigenschaft der Zelle, die nicht an einen einzelnen, besonderen stofflichen Träger gebunden ist (s. S. 89).
Dass zwischen den Theilproducten Lücken entstehen, ist
die Resultante von Kräften, die theils in den einzelnen
Zellen selbst wirksam sind, theils von aussen auf sie einwirken. In ersterer Beziehung hat die Dottermasse das
Bestreben, sich um die einzelnen Kerne als Attractions-
centren anzuordnen und die Kugelform anzunehmen, was
ja auch mehr oder minder eintritt, wenn die Zellen bei
der Theilung von einander isolirt werden. Diesem Bestreben

wirken auf der andern Seite Kräfte entgegen, mit welchen die durch Theilung entstandenen Zellen sich gegenseitig anziehen. Die anziehenden Kräfte scheinen mit abnehmender Grösse der Zellen zuzunehmen, so dass letztere sich später mit ihren Seitenwandungen immer fester an einander schliessen. Die Flüssigkeitsabsonderung ins Innere der Keimblase und die dadurch hervorgerufene Oberflächenspannung wird aus den Eigenschaften ihrer ganzen Wandung, nicht aber aus den Eigenschaften einzelner, besonders determinirter Zellen zu erklären sein.

Was endlich die besonderen Arten der Keimblase (beim Amphioxus, bei den Amphibien, Reptilien, Vögeln z. B.) betrifft, so wurde schon früher gezeigt, wie dieselben durch die Form des Eies, die Masse des Dotters und die Differenzirung desselben unter dem Einfluss der Schwere, also durch verhältnissmässig grobe Verhältnisse in der Architektur des ganzen Eiinhalts bedingt werden.

Es lässt sich daher in keiner Weise vorstellen, wie die Keimblase durch irgend eine Anordnung von Stofftheilchen im befruchteten Kern schon vorgebildet sein sollte, es kann keine Keimblasendeterminanten geben. Die Bedingungen für die Entstehung einer Keimblase werden erst durch den Furchungsprocess geschaffen, können daher nicht in einer anderen Weise in der Eizelle schon vorher bereits eingeschlossen gewesen sein. Es handelt sich hier um Epigenese, nicht um Evolution, um eine neugebildete, nicht um eine nur sichtbar werdende Mannigfaltigkeit.

Aehnlich liegen die Verhältnisse bei der Bildung der Gastrula und der Keimblätter. Wenn die Keimblase sich zu einem Becher einstülpt, so ist dies eine Folge von der Wirksamkeit aller Zellen der Blasenwand, von örtlich verschiedenem Wachsthum derselben, von Ungleichheiten der

Blasenspannung, von einer Reihe von Bedingungen, die sich in genauerer Weise noch nicht überschauen und beurtheilen lassen. Da nun die Zelltheilung selbst nicht von einem besonderen Stofftheilchen, sondern von Veränderungen des gesammten Kerninhalts abhängt, so kann das Wachsthum der Blasenwand als das Gesammtresultat des Wachsthums und der Theilung aller ihrer Zellen auch nicht durch besondere Determinantengruppen bedingt werden.

Um die Gastrulation, die Keimblätterbildung und viele andere Erscheinungen der Entwicklung zu erklären, hat die Determinantenlehre das Verhältniss von Ursache und Wirkung geradezu umgekehrt. Nicht desswegen, weil Zellen der Blasenwand eine besondere Determinantengruppe besitzen, welche ihnen den Stempel, Entodermzellen zu werden, aufdrückt, werden sie in die Furchungshöhle eingestülpt, sondern umgekehrt: dadurch, dass in Folge der Einstülpung, welche aus den Wachthumsverhältnissen der Blasenwand zu erklären ist, eine Zellenfläche in neue Lagebeziehungen zu ihrer Umgebung gebracht wird, wird sie Entoderm, erhält sie den Anstofs, die ihrer besonderen Lage entsprechenden Eigenschaften zu entfalten. Es ist unlogisch, von einem Entoderm zu sprechen, wie es in entwicklungsgeschichtlichen Arbeiten häufig geschieht, solange die Zellen noch der Keimblasenoberfläche angehören oder sogar erst noch im Furchungsprocess begriffen sind. Denn mit dem Worte „inneres Keimblatt" bezeichnen wir ein Lageverhältniss, welches erst durch die Einstülpung geschaffen wird.

Alles in Allem lässt sich für die Gastrula ebenso wenig

wie für die Keimblase die Möglichkeit vorstellen, dass im Ei, welches doch nur eine einfache Zelle ist, durch Stofftheilchen im Kern ein Verhältniss in der Lage von zwei Zellschichten bereits vorgebildet sein könnte.

So führt die Analyse eines besonderen Falles zu demselben Ergebniss, wie die am Anfang dieses Abschnitts angestellte allgemeine Erwägung.

Zweiter Theil.

Gedanken zu einer Entwicklungstheorie der Organismen [11]).

Nachdem eine kritische Prüfung der Keimplasmatheorie uns auf einen ablehnenden Standpunkt geführt hat, erwächst für uns die Aufgabe, selbst noch genauer den Weg zu bezeichnen, auf welchem sich ein Verständniss für die Thatsache, dass aus dem Ei mit Nothwendigkeit immer derselbe Organismus mit seinen tausenderlei verschiedenen Eigenschaften entsteht, allmählich wird gewinnen lassen, ohne in die Zelle Eigenschaften hineinzutragen, die ihrem Wesen widersprechen. Es ist dies um so mehr geboten, als unsere Gegner gegen die Annahme einer erbgleichen Zelltheilung den Vorwurf erheben, dass sie keine Erklärung, ja selbst nicht einmal den Anfang einer Erklärung dafür geben könne, worauf die Verschiedenheit der Zellenarten, die Differenzirung des Körpers beruhe. „Das Erste, was eine Erklärung zu leisten hat," bemerkt Weismann, „ist eben, diese Differenzirung, d. h. die gesetzmässige Verschiedenheit der aus der Eizelle hervorgehenden

Zellen und Zellengruppen auf ein Princip zurückzuführen. Denn Niemand wird es auch nur für den Anfang einer Erklärung halten, wenn die Differenzirung darauf zurückgeführt wird, dass immer nur derjenige Theil der Keimsubstanz activ wird, den man gerade zur Herstellung der betreffenden Zelle oder des betreffenden Organs braucht. Je höher wir aber in der Organismenwelt emporsteigen, um so mehr wird die Erzeugung des Ganzen aus einzelnen Zellen beschränkt, und um so schärfer tritt uns die Differenzirung des Soma als erstes Object unseres Erklärungsbestrebens entgegen. Ihm gegenüber ist mit dem alle Anlagen umfassenden, überall vorhandenen Idioplasma Nichts anzufangen.“

Der in obigen Worten erhobene Vorwurf trifft indessen nicht zu. Denn Nägeli, de Vries, Driesch und ich nehmen natürlich dafür, dass von den vielen Anlagen jeder Zelle immer nur einzelne im besonderen Falle zur Entfaltung kommen, auch bestimmte, im Entwicklungsverlauf gegebene Ursachen an, durch welche die Entscheidung getroffen wird. Nur laufen Weismann's und unsere Anschauungen über die Art dieser Ursachen und über den Ort, wohin dieselben zu verlegen sind, diametral auseinander.

Weismann verlegt die Ursache für die gesetzmässige Entfaltung der Anlagen in die Anlagesubstanz selbst hinein; diese ist ihm zugleich Grund und Bedingung für den Verlauf des Entwicklungsprocesses. Nach Weismann muss eine Zelle das werden, was sie ist, weil sie nur mit dieser bestimmten Anlage durch den im Voraus schon im Keimplasma gegebenen Entwicklungsplan ausgestattet worden ist.

Wir dagegen machen die Entfaltung der
Anlagen abhängig von Bedingungen oder Ursachen, die ausserhalb der Anlagesubstanz der
Eizelle liegen, aber trotzdem in gesetzmässiger
Folge durch den Entwicklungsprocess producirt werden. Wir erkennen solche erstens in
den Wechselbeziehungen, in welche die Zellen
eines Organismus, während sie durch Theilung
an Zahl zunehmen, in einer sich stetig ver-
ändernden Weise zu einander treten, und zweitens in den Einwirkungen der den Organismus
umgebenden Aussenwelt.

Man kann die Eigenschaften der befruchteten Eizelle
und später auch. die zwischen ihren Theilproducten sich
ausbildenden Wechselbeziehungen als innere Ursachen des
Entwicklungsprocesses zusammenfassen und von den äusseren
Ursachen oder den Bedingungen unterscheiden, die durch
die Einwirkungen der Aussenwelt gegeben werden. Doch
ist hierbei im Auge zu behalten, dass sich im Allgemeinen
eine scharfe Trennung zwischen inneren und äusseren Ursachen des Entwicklungsprocesses nicht durchführen lässt;
denn wie schon auf Seite 82 nachgewiesen wurde, gehen
auf jeder höheren Stufe des Entwicklungsprocesses Bedingungen der vorausgehenden Stufe in die Anlage selbst
als Bestandtheil mit ein; Aeusseres wird fortwährend in
Inneres umgewandelt, so dass das Conto der inneren Ursachen sich stetig auf Kosten der äusseren Ursachen vergrössert.

Physiologisch ausgedrückt erblicken wir in der ungleichen Differenzirung der Zellen die Reaction
der organischen Substanz auf ungleichartige
Reizursachen, auf Factoren, die als wirklich vorhanden

7*

und die Bildungsprocesse beherrschend von der Physiologie experimentell nachgewiesen worden sind. „Es ist überflüssig, auszuführen," heisst es bei Nägeli, „wie auf das Idioplasma fortwährend andere umgebende (dem Individuum angehörige) Einflüsse einwirken; denn jede Zelle, die wächst und sich theilt, nimmt eine bestimmte ontogenetische Stelle ein und befindet sich unter einer eigenthümlichen Combination von vorausgegangenen Organisationsverhältnissen." „Nicht nur die Umstände innerhalb des Individuums haben Einfluss auf das Idioplasma. Dasselbe kann auch durch äussere Ursachen umgestimmt und zu einem veränderten Bildungstrieb veranlasst werden."

„Der Einfluss der äusseren Umstände auf die Entscheidung, welche von den im Idioplasma enthaltenen Anlagen zur Entfaltung gelangen, zeigt sich namentlich in der bekannten Thatsache, dass es von der Ernährung abhängt, ob an gewissen Bäumen sich Laub- oder Blüthentriebe bilden, und dass manche Pflanzen in einem ihnen wenig günstigen Klima es überhaupt nicht zur Blüthenbildung bringen, sondern in der vegetativen Entwicklungssphäre gehemmt bleiben."

Im Princip sind wir also wohl in der Lage, den Weg anzudeuten, auf welchem eine Erklärung für die verschiedenartige Differenzirung der Zellen gesucht werden muss, und wenn es auch in jedem einzelnen Fall nicht möglich ist, für die beobachtete Wirkung die entsprechende Ursache oder in anderen Worten für die bestimmte Reaction der Anlage den bestimmten Reiz nachzuweisen, so kann dies dem Princip an sich doch unmöglich als ein Fehler angerechnet werden, sondern ergiebt sich ganz naturgemäss aus der enormen Schwierigkeit des so höchst zusammengesetzten Entwicklungsphänomens. Es fragt sich nur, ob unser allgemeines Erklärungsprincip ein durch die von der Natur gelieferten Thatsachen gerechtfertigtes ist.

Dies jetzt im Einzelnen noch genauer nachzuweisen, als es schon bei anderer Gelegenheit versucht wurde, ist Aufgabe der folgenden Blätter. In ihnen soll der in meinem Vortrag „Aeltere und neuere Entwicklungstheorieen" nur angedeutete Gedanke weiter ausgeführt werden, dass das Ei ein Organismus ist, der sich durch Theilung in zahlreiche, ihm gleichartige Organismen vermehrt, und dass erst durch die Wechselwirkungen aller dieser zahlreichen Elementarorganismen auf jeder Stufe der Entwicklung sich der Gesammtorganismus allmählich fortschreitend gestaltet. Die Entwicklung eines Geschöpfes ist daher nimmermehr eine Mosaikarbeit, vielmehr entwickeln sich alle einzelnen Theile stets in Beziehung zu einander, oder die Entwicklung eines Theils ist stets abhängig von der Entwicklung des Ganzen."

Eine der wichtigsten und hauptsächlichsten Ursachen für die Entstehung von Mannigfaltigkeit während des Entwicklungsprocesses ist in der Eigenschaft der Eizelle, sich durch Theilung zu vermehren, gegeben. Schon allein dadurch, dass die Kernsubstanz durch eine Reihe der verwickeltesten chemischen Processe sich Schritt für Schritt Stoff aus dem im Ei aufgespeicherten Reservematerial und Sauerstoff aus der umgebenden Atmosphäre assimilirt, ruft sie zugleich auch eine immer grösser werdende Mannigfaltigkeit hervor. Denn die Massenzunahme der Kernsubstanz bedingt eine fortlaufende Sonderung derselben in 2, 4, 8, 16 Stücke u. s. w. Die Sonderung ist aber wieder die Ursache für eine sich stetig ändernde, räumliche Vertheilung der Substanz. Die 2, 4, 8, 16 u. s. w. durch Theilung entstandenen Kerne weichen nach entgegen-

gesetzten Richtungen auseinander und gewinnen in bestimmten Abständen von einander neue Stellungen im
Eiraum. Waren Anfangs alle Stofftheilchen des Eies um
den befruchteten Kern herum als einziges Kraftcentrum
angeordnet, so gruppiren sie sich jetzt um so viel indivi-
duelle Centren herum, als neugebildete Kerne vorhanden
sind, und sondern sich um dieselben zu Zellen ab. Es liegt
somit klar auf der Hand, dass das Ei als einzelliger
Organismus, verglichen mit dem Ei als vielzelligem Organismus, seine Qualität erheblich verändert hat, schon allein
durch den Process der erbgleichen Theilung.

Was man hier am Beginn der Entwicklung so deutlich
vor sich sieht, das lässt sich aber auch für alles weitere
Wachsthum behaupten. Die fortschreitende Vermehrung
der Zellen kann nicht nur Massenzunahme, sondern muss
von Zeit zu Zeit auch qualitative Veränderungen am Organismus hervorrufen. Denn jede Form ist an bestimmte
Bedingungen gebunden, die, wenn sie nicht mehr erfüllt
werden, bei einer reactionsfähigen Substanz zu einer zweck-
entsprechenden Veränderung der Form führen.

Wie von den Eigenschaften des Holzes, des Steines
oder des Eisens die Art der Baulichkeiten abhängt, die sich
mit ihnen herstellen lassen (Hallen mit verschiedener Spann-
weite, Brücken von verschiedener Construction, Form und
Tragkraft etc.), so werden auch von der Natur der organischen Substanz die Formen, die sie beim Wachsthum annehmen muss, bis zu einem gewissen Grade bestimmt.

Die Form erscheint so in mancher Hinsicht
als eine Function des Wachsthums der organischen Substanz.

Um dieses wichtige Verhältniss an einigen Beispielen
klar zu machen, so muss der Vergrösserung der Keimblase

in der Beschaffenheit des Materials, aus dem sich die Wand
aufbaut, eine Grenze gesetzt sein. Um die Membran, die
entweder aus einer oder mehreren Lagen von Zellen zusammengesetzt ist, zu einer Kugeloberfläche ausgebreitet zu
erhalten, muss im Innern ein entsprechender Druck herr-
schen. Derselbe muss zur Kraft, mit welcher die Zellen
aneinander haften, in richtigem Verhältniss stehen; gleichzeitig muss aber auch die Blasenwand den von aussen auf
sie einwirkenden Zug- und Druckkräften, welche veränder-
liche Factoren sind, genügenden Widerstand entgegensetzen.
Alle diese Factoren, zu denen noch manche andere und
weniger leicht erkennbare hinzutreten mögen, müssen in
einem richtigen Wechselverhältniss zu einander stehen.
Wird hier eine bestimmte Grenze überschritten, so muss
jedes weitere Wachsthum entweder zu einer Zerstörung der
Form durch Auseinanderfallen ihrer Bausteine oder zu einer
Veränderung der Form führen. Bei einer lebenden, reactionsfähigen Substanz ist das Letztere der Fall. Die Blase
faltet sich beim weiteren Wachsthum zu einem Becher ein.
Wären uns alle Verhältnisse, welche auf die Blasenwand
einwirken, bekannt, so würden wir wohl die Ursachen er-
kennen, warum von einer bestimmten Grenze jedes weitere
Wachsthum zu einer Einstülpung führen muss. Aus der
weiten Verbreitung der Gastrula in allen Abtheilungen des
Thierreichs lässt sich schliessen, dass sie ein nothwendiges
Durchgangsstadium jedes thierischen Wachsthums ist.

Eine zweite Beziehung zwischen Form und
organischem Wachsthum, auf welche hier die Aufmerksamkeit gelenkt sei, ist anscheinend einfacher Art, aber
in ihren Consequenzen von fundamentalster Bedeutung.
Sie lässt sich durch den Satz ausdrücken, dass jedes
Wachsthum mit einer möglichst grossen Ober-

flächenentwicklung verknüpft sein muss. Das
Warum? lässt sich leicht einsehen. Es ergiebt sich aus
der verschiedenen Natur der unorganischen und der lebenden
organischen Substanz.

Ein Krystall kann in der Mutterlauge wachsen, indem
er auf seiner Oberfläche immer neue Theilchen ansetzt, gemäss der seiner Substanz eigenthümlichen Art zu krystalli-
siren. Die einmal krystallisirten Theilchen beharren in
ihrer Anordnung, auch wenn neue Schichten auf der Oberfläche sich abscheiden, und können so, wie beim Berg-
krystall, Jahrtausende bestehen bleiben, wenn sie nicht
durch veränderte äussere Eingriffe in ihrem Beharrungs-
vermögen gestört werden.

Organische Substanz aber kann in dieser Weise nicht
wachsen. Sie nimmt Stoffe von aussen auf, um sie, nicht
wie der Krystall an ihrer Oberfläche abzusetzen, sondern
ihrem Innern (durch Intussusception) einzuverleiben. Sie
kann auch nicht, ohne der Zerstörung zu verfallen, in dem
einmal angenommenen Zustand beharren; sie ist daher auf
die stete Wechselwirkung mit der Aussenwelt, auf Stoffaufnahme und -Abgabe, diese beiden nothwendigen Kehr-
seiten des Lebens, angewiesen. „Beim Wachsthum des
Idioplasmas besteht,“ wie Nägeli sich treffend ausdrückt,
„die Beharrung in einer steten Veränderung.“

Daher kann die organische Substanz beim
Wachsthum nur solche Formen annehmen, welche
ihr gestatten, mit der Aussenwelt in steter
Fühlung zu bleiben. Ein Zellhaufen, sei er eine Kugel
oder ein Cubus, kann nicht durch fortgesetzte Auflagerung
neuer Zellschichten an seiner Oberfläche wachsen, da dann
die centrale Zellenmasse ihrer Lebensbedingungen beraubt
würde. Eine in der Fläche ausgebreitete Membran von

Zellen oder eine Epithelschicht kann sich ebenso nicht in beliebiger Weise verdicken, da sonst die von der Oberfläche entfernten Zellen in ihren Beziehungen zur Aussenwelt geschädigt werden würden. Um den in ihrer Natur gelegenen Bedingungen zu genügen, kann die organische Substanz nur unter entsprechender Oberflächenentwicklung wachsen, und dies geschieht dadurch, dass sich die Zellen entweder zu Fäden oder Membranen anordnen, und dass die Fäden durch Verzweigung, die Membranen durch Aus- und Einstülpung (durch den Process der Faltenbildung) immer complicirter werdende Formen beim weiteren Wachsthum gewinnen.

Wenn man den Gedankengang, dass die werdende Form der Organismen in vieler Beziehung die nothwendige Folge des Wachsthums der mit specifischen Eigenschaften ausgestatteten organischen Substanz ist, weiter verfolgt, dann wird uns selbst der grosse Gegensatz begreiflich, der in der ganzen Organisation zwischen Pflanzen und Thieren besteht. Er begreift sich aus der Verschiedenheit des pflanzlichen und thierischen Stoffwechsels und der pflanzlichen und thierischen Nahrungsaufnahme. Die Pflanzenzelle erzeugt organische Substanz aus Kohlensäure, die sie aus der Luft, aus Wasser und leicht diffundirenden Salzlösungen, die sie aus dem Meere oder dem Boden entnimmt; sie gebraucht zu dieser chemischen Arbeit die lebendige Energie des Sonnenlichtes. Hiermit sind die Hauptbedingungen gegeben, durch welche Beschaffenheit und Anordnung der Elementartheile in einer vielzelligen Pflanze bestimmt werden. Die Pflanzenzellen können sich mit einer dicken Membran umgeben, welche für den

Durchtritt von Gasen und leicht diffundirenden Salzen kein
Hinderniss bietet; sie müssen sich ferner so anordnen, dass
sie mit den umgebenden Medien, aus denen sie Stoff und
Kraft beziehen, mit Erde und Wasser, mit Luft und Licht in
möglichst ausgedehnte Beziehung treten. Sie müssen nach
aussen eine grosse Oberfläche entwickeln; dies geschieht,
indem sie sich zu Fäden, die sich vielfach verzweigen,
oder in der Fläche zu blattartigen Organen anordnen. Um
aus dem Boden Wasser und Salze aufzusaugen, verbinden
sich die Zellen zu einem vielverzweigten Wurzelwerk,
welches nach allen Richtungen hin die Erde mit feinen
Fädchen durchsetzt; um Kohlensäure der Luft zu entziehen
und die Einwirkung der Sonnenstrahlen zu erfahren, breitet
sich in entsprechender Weise der oberirdische Pflanzentheil
in einem reichen Zweigwerk dem Lichte entgegen aus und
entfaltet sich zu blattartigen Organen, die ihrer Structur
gemäss mit dem Assimilationsprocess betraut sind. So wird
die ganze Formbildung der Pflanzen auf Grund der oben
hervorgehobenen wirksamen Factoren eine nach aussen gerichtete und äusserlich sichtbare; dagegen fehlt eine nach
innen gerichtete Differenzirung in Organe und Gewebe
entweder ganz oder bleibt im Vergleich zum Thier eine
relativ beschränkte. Denn erst bei den höheren Pflanzen-
formen entwickeln sich theils Gewebe, die zur Fortleitung
der Säfte dienen, um den Verkehr zwischen den sich er-
gänzenden und auf einander angewiesenen, oberirdischen
und unterirdischen Pflanzentheilen zu vermitteln (Gefässe),
theils Gewebe, die den Hauptästen eine grössere Biegungs-
festigkeit verleihen und daher als mechanische bezeichnet
werden.

Den absoluten Gegensatz zur pflanzlichen bildet die
thierische Organisation, wie auch in der Art der Ernährung

ein grosser Gegensatz besteht. Die thierische Zelle nimmt bereits fertige organische Substanz auf; sie bleibt daher entweder nackt, so dass feste Körper direct in ihr Protoplasma eintreten können, oder umgiebt sich nur mit dünnen Membranen, durch welche die schwer diffundirenden organischen Colloidsubstanzen im gelösten Zustande hindurchgehen können. Im Gegensatz zur Pflanze wird in Folge dessen beim vielzelligen thierischen Organismus die Formbildung eine nach innen gerichtete, unter dem Einfluss der veränderten Bedingungen, welche die dem Thiere eigenthümliche Nahrungsaufnahme stellt. Wie die einzellebende, thierische Zelle organische Partikel direct in ihren Protoplasmakörper einführt und in künstlich gebildeten Hohlräumen, Verdauungsvacuolen, chemisch verarbeitet, so schafft sich auch der vielzellige thierische Organismus in seinem Körper einen Hohlraum, in welchem er feste, organische Substanzen aufnimmt, verdaut und von ihm aus in gelöstem Zustand an die einzelnen Zellen vertheilt. Der thierische Körper wird dadurch vom umgebenden Medium mehr unabhängig; die Ernährung, welche für den Bestand des Organismus die Grundbedingung ist, erfolgt von innen heraus. Die höhere Ausbildung der thierischen Organisation schreitet daher von den einfachen Anfängen aus in der Weise weiter fort, dass das innere Hohlraumsystem durch Bildung besonderer Flächen, die zur Absonderung von Secreten dienen, durch Bildung eines Verdauungskanals, abgetrennter Leibeshöhlen etc. ein immer complicirteres wird.

Während bei der Pflanze eine Oberflächenentwicklung nach aussen, findet eine solche beim Thiere, gemäss der gegebenen Bedingungen, im Inneren des Körpers statt. Die Differenzirung der Pflanze zeigt sich in äusserlich hervor-

tretenden Organen, in Blättern, Zweigen, Blüthen, Ranken.
Die Differenzirung beim Thier erfolgt im Inneren des
Körpers verborgen, indem die inneren Flächen der Aus-
gangspunkt für die verschiedensten Organbildungen und
Gewebedifferenzirungen werden.

Trotz der sehr verschiedenartigen Form und Function
der sehr zahlreichen Organe, aus welchen sich die einzelnen
thierischen Körper aufbauen, ist der Bildungsmodus derselben trotzdem im Grossen und Ganzen ein ziemlich ein-
förmiger, wie das Studium der vergleichenden Entwicklungsgeschichte lehrt. Man stösst bei derselben immer
wieder auf nur geringfügige Variationen einiger weniger,
allgemeiner Formbildungsgesetze. Betreffs derselben verweise ich auf eine Reihe von Specialuntersuchungen,
Studien zur Blättertheorie (Oscar und Richard Hertwig)
und auf das vierte Capitel meiner Entwicklungsgeschichte:
Allgemeine Besprechung der Entwicklungsprincipien.

Wie in diesen Schriften und auf den vorausgegangenen
Seiten nachzuweisen versucht wurde, erscheint die Vermehrung der Eizelle durch Theilung, sofern ihre Theil-
producte zu einer höheren Einheit verbunden bleiben, selbst
schon als eine Quelle grösserer Mannigfaltigkeit und in
gewissem Sinne als ein formbildendes Princip. Aber auch
in anderer Hinsicht ist mit der Vermehrung eine Veränderung der von dem ursprünglichen Ei abstammenden
Zellen gegeben. Denn wenn auch eine jede von
ihnen in Folge erbgleicher Theilung dem Ei,
aus dem sie entstanden ist, gleicht, so unterscheidet sie sich von ihm doch in dem einen
Punkt, dass sie selbst jetzt nicht mehr das
Ganze repräsentirt, sondern zum untergeordneten Theil einer höheren Einheit, eines höhe-

ren Organismus geworden ist. Die Zelle, welche
nicht mehr Ganzes, sondern nur Theil eines
Ganzen ist, zeigt sich zu anderen Zellen in
Wechselbeziehungen gesetzt und wird in ihren
Lebensverrichtungen von diesen und vom Gesammtorganismus bestimmt. Je mehr dies der
Fall ist, um so mehr wird die Selbstständigkeit
der Zelle als Elementarorganismus so aufgehoben, dass sie nur noch als untergeordneter
und in Abhängigkeit vom Ganzen functionirender Theil erscheint[12]).

Während man bei morphologischer Betrachtung mehr
geneigt ist, die Zelle als Elementartheil des höheren Organismus bei Untersuchungen in den Vordergrund zu stellen,
lässt sich von physiologischen Gesichtspunkten aus der
höhere Organismus mit Vortheil auch als eine einheitlich
functionirende Stoffmasse auffassen, welche aus mehreren
Kategorien einander untergeordneter und nur in Beziehung
zum Ganzen functionirender Structurtheile aufgebaut ist,
die nur besondere Theilverrichtungen ausüben. Somit bedarf das cellulare Princip, durch welches die
Zelle als Lebenseinheit, Lebenscentrum, Elementarorganismus oft über die Gebühr hervorgehoben wird, von anderen allgemeineren Gesichtspunkten aus einer Einschränkung und
Correctur. Es ist dies von tiefer denkenden Physiologen auch vielfach erkannt und hervorgehoben worden,
von Nägeli, auf dessen Ausspruch schon auf S. 28 hingewiesen wurde, von Sachs, von Vöchting u. A.

„Die Zellenbildung,“ erklärt Sachs, „ist eine im organischen Leben zwar sehr allgemeine Erscheinung, aber doch
nur von secundärer Bedeutung, jedenfalls bloss eine der

zahlreichen Aeusserungen des Gestaltungstriebes, der aller
Materie, im höchsten Grade aber der organischen Substanz
innewohnt." „Im Grunde ist jede noch so hoch organisirte
Pflanze ein in sich zusammenhängender Protoplasmakörper,
der nach aussen hin von einer Zellwand umkleidet, inner-
lich von zahllosen Quer- und Längswänden durchsetzt,
fortwächst."

Besonders entspricht meiner Auffassung die Darstellung,
welche Vöchting gegeben hat, indem er das Verhältniss
der Zelle zum Ganzen in folgender Weise erörtert hat:

„Ist der Umstand, dass eine vom Organismus getrennte
Zelle im Stande ist, sich selbst zu erhalten und zur Totalität
zu ergänzen, ein Beweis für das selbstständige Leben der
Zelle am Organismus? Ich glaube, er ist nur ein Beweis
dafür, dass das Leben des Organismus überhaupt an die
Zelle gebunden ist, dass die letztere den Träger alles Lebens
darstellt, dass das Leben des zusammengesetzten Organismus
nichts ist, als das Resultat der Lebensäusserungen aller
seiner Einzelelemente; — keineswegs aber dafür, dass die
Zelle im isolirten Zustande dieselben Functionen verrichtet,
welche sie am Organismus vollzieht. Die Zelle am Organismus ist durchaus verschieden von der vom letzteren getrennten und sich selbst überlassenen. Im ersteren Falle
wird ihre allgemeine Function, abgesehen von äusseren
Kräften, durch die Totalität bestimmt und durch sie selbst
nur insoweit, als sie je nach der Grösse der ersteren einen
mehr oder minder grossen Theil derselben darstellt. Im
zweiten Falle ist sie selbstständig, und ihre ganze Function
wird nun lediglich durch sie selbst bestimmt. — Nirgends
begeht man die Verwechselung des Potentiellen mit dem
Actuellen leichter als hier, und nirgends wird diese Verwechselung verhängnissvoller als an diesem Orte. — Vom

morphologischen Standpunkte aus kann man die Zelle am Organismus getrost als Individuum betrachten; nur muss man sich dabei der Abstraction bewusst bleiben, die man begeht. Physiologisch ist die Zelle nur dann ein Individuum, wenn sie unabhängig vom Complex, wenn sie isolirt ist; von diesem Standpunkte aus ist jede Abstraction ein Fehler."

Indem nach der soeben entwickelten Auffassung die Zelle ihre selbstständige Individualität im Ganzen verliert, wird die Entwicklungsrichtung, welche sie später einschlägt, und welche zu ihrer besonderen Ausgestaltung führt, nicht durch Ursachen, die in ihr selbst liegen, nicht durch ihr eigenthümliche Determinanten im Sinne Weismanns, sondern lediglich durch die Beziehungen determinirt, in welche sie einerseits zum Ganzen und zu den übrigen Theilen desselben, andererseits zur Aussenwelt steht. Diese Beziehungen müssen nun aber naturgemäss verschieden ausfallen, je nach dem Ort oder der Lage, welche die Zellen im Ganzen einnehmen, und dadurch sind wieder unzählige Bedingungen für eine verschiedenartige Entwicklungsrichtung, für Arbeitstheilung und ungleiche histologische Differenzirung gegeben. Die jeweilig zu verrichtende Function einer Zelle wird in erster Linie, wie Vöchting sich ausdrückt, durch den morphologischen Ort bestimmt, den sie an der Lebenseinheit einnimmt. Ihre ungleiche Differenzirung ist, um einen Ausdruck von Driesch zu gebrauchen, „eine Function des Ortes". Es ist dies ein Gedanke, den mein Bruder und ich in unseren Studien zur Blättertheorie durch zahlreiche, der Histologie der Coelenteraten entnommene Beispiele näher zu begründen versucht haben, ein Gedanke, der auf botanischem Gebiete schon seit längerer Zeit unter den Physiologen zur Herrschaft gelangt ist.

Wegen der grösseren Einfachheit in Bau und Lebensverrichtung lassen sich bei den Pflanzen leicht beweisende Experimente beibringen.

Schon früher wurde darauf hingewiesen, dass der Experimentator, je nachdem er die obere oder untere Seite eines Farnprothalliums stärker beleuchtet, die Archegonien und Antheridien zwingen kann, sich auf dieser oder jener Seite zu entwickeln. Ebenso entstehen Wurzeln auf der befeuchteten und beschatteten Fläche eines abgeschnittenen Weidenzweiges, während sie an der belichteten Seite ausbleiben. Wie aus den Experimenten der Botaniker und der Obstbaumzüchter hervorgeht, sind unentwickelte Knospen- und Wurzelanlagen gänzlich indifferente Gebilde, deren weiteres Wachsthum lediglich von den Bedingungen abhängt, unter welchen es vor sich geht. „Ein und dieselbe Knospe kann sich zu einem längeren oder kürzeren Laub-, zu einem Blüthenzweig oder zu einem Dorn entwickeln, oder sie kann auch ruhen bleiben. Dieselbe Wurzelanlage kann zu einem kräftigen, einer Hauptwurzel gleichen oder zu einem schwächeren Gebilde, einer Seitenwurzel, heranwachsen. — Die Bedingungen aber, welche den Modus der Entwicklung eines Gebildes bestimmen, hat, wie wir gesehen haben und noch weiter sehen werden, der Experimentator gänzlich in seiner Hand, und zwar kann er dies durch Schneiden, Krümmen, Horizontal-Binden u. dgl. erreichen." Vöchting bezeichnet daher die Pflanzen geradezu als eine in gewissem Maasse plastische Masse, die der Züchter formt, wie es seinen Zwecken entspricht. — „Um zum Beispiel bei Prunus

spinosa einen Langspross an Stelle eines Dornes entstehen
zu lassen, braucht man nur im Frühjahr einen im Wachsthum begriffenen Langtrieb auf geeigneter Höhe zu durch-
schneiden. Aus der oder den unter dem Schnitt gelegenen
Knospen entwickeln sich nun Langsprosse, welche dem
mütterlichen Träger gleichen und dessen ununterbrochenes
Wachsthum fortsetzen, während sie sich an der unverletzten
Axe zu Dornen ausgebildet haben würden. Wir verwandeln somit die Anlage eines Dornes in die eines langen
Laubsprosses" (Vöchting).

Bei Thieren sind Experimente schwerer auszuführen.
Trotzdem fehlt es auch bei ihnen nicht an beweisenden
Beispielen. Schneidet man aus dem Stamm einer Anten-
nularia, eines Hydroidpolypen, ein Stück heraus und stellt
es schräg auf, so entwickeln sich nach kurzer Zeit an ihm
sowohl neue Sprosse, als neue Haftwurzeln. Hierbei ist
wieder der Ort der Neubildung durch die Orientirung des
Stammes gegen den Schwerpunkt der Erde genau bestimmt.
„Die Sprosse entstehen nur an der nach oben gegen den
Zenith gerichteten Seite des Elements, die Wurzeln zunächst nur an der Unterseite desselben" (Loeb).

Ein ähnliches Beispiel für die Wirbelthiere. Die Chorda
entsteht während der Embryonalentwicklung an der Ver-
schlussstelle der Urmundränder, im Bereich der sogenannten
Urmundnaht. Durch Entwicklung der Froscheier unter
abnormen Bedingungen habe ich es zuweilen erreichen
können, dass die stärker gewachsene Urmundlippe der
einen Seite sich nach aussen umklappte, dass später mit
diesem abnormen Umschlagsrand der normale Urmundrand
der anderen Seite zusammenwuchs, und dass dann Chorda
und Nervenplatte gleichwohl aus dem fremdartigen Zellenmaterial, nur weil es an die Verwachsungsstelle gebracht

war, ihren Ursprung nahmen, während die Zellen des nach
aussen umgeschlagenen Urmundrandes, anstatt Chordazellen
und Medullarplatte zu bilden, zu einem einfachen Epidermis-
lappen wurden.

Wie ferner aus der allgemeinen Pathologie genugsam
bekannt ist, verlieren Schleimhäute ihren eigenthümlichen
Charakter und nehmen mehr die Eigenschaften und das
Aussehen der Oberhaut an, wenn sie aus ihrer normalen
Lage gebracht (wie bei Vorfall der Gebärmutter, bei
Blasenspalte etc.), dem Einfluss der äusseren Luft längere
Zeit ausgesetzt gewesen sind.

Die Beziehungen des einzelnen Theiles zu anderen
Theilen und zum Ganzen bezeichnet man als Correlation.
Eine solche findet auf jeder Stufe der Entwicklung
zwischen allen Theilen eines Organismus bald hier, bald
dort mehr ausgeprägt jederzeit statt. Auf den correlativen
Charakter aller Veränderungen während des Entwicklungsprocesses ist gerade der Weismann'schen Determinantenlehre gegenüber, bei welcher ja alles Geschehen nach einem
im Voraus genau bestimmten Plan geregelt ist, ganz besonders die Aufmerksamkeit zu lenken!

Auch hierfür einige Beweise und Citate verschiedener
Schriftsteller auf botanischem und thierischem Gebiet:

Wird bei einer Pflanze ein Stengel oben abgeschnitten,
so dass ihm Zweige und Blätter mangeln, aber die Wurzeln
bleiben, so bildet er Adventivknospen und aus denselben
beblätterte Zweige; wird er unten abgeschnitten, so dass
er die Zweige und Blätter behält, aber die Wurzeln verliert, so erzeugt er aus denselben Zellen Adventivwurzeln.
Aehnlich verhält es sich mit abgeschnittenen Wurzeln. Es
ist, als ob das Idioplasma genau wüsste, was in den übrigen
Theilen der Pflanze vorgeht, und was es thun muss, um die

Integrität und die Lebensfähigkeit des Individuums wieder herzustellen." „Es muss das locale Idioplasma sofort fühlen, wenn ein wesentlicher Theil des Individuums mangelt, weil von dorther keine Mittheilungen mehr gelangen." „Auch beweist jene Erscheinung, dass das Bedürfniss als Reiz wirken kann und dass das bestimmte Bedürfniss auch eine bestimmte Reaction veranlasst."

So Nägeli, dessen zuletzt angeführten Gedanken schon Pflüger in breiterer Ausführung dargestellt hat in seiner lesenswerthen Schrift: „Die teleologische Mechanik der lebendigen Natur (1877)". In ähnlichem Sinne bemerkt Vöchting:

„An einem unter normalen Bedingungen und ungestört wachsenden Baume stehen alle Organe unter einander in einem bestimmten Verhältniss. Einer gewissen Anzahl von Blättern entspricht eine bestimmte Summe von Zweigen und Aesten. Diese entspringen einem Stamm von proportionaler Dicke, und dieser ruht endlich auf einer Hauptwurzel, die einer proportionalen Zahl von Seitenwurzeln den Ursprung giebt. Zwischen allen diesen Theilen besteht unter normalen Verhältnissen ein Gleichgewichtszustand. Ein Apfelbaum, der auf der Grenze zwischen bearbeitetem Gartenboden und Rasen steht, wächst auf der dem ersteren zugewandten Seite ungleich kräftiger als auf der entgegengesetzten. Würde man einen Apfelbaum, der drei Hauptwurzeln und drei ihnen entsprechende Hauptäste besässe, eine der Wurzeln amputiren, so würde der zugehörige Ast in der Entwicklung zurückbleiben, ohne jedoch zu Grunde zu gehen." „Dieses Gleichgewichtsverhältniss ist verschieden, je nach der specifischen Natur des Baumes; es ist ein anderes bei der Eiche, ein anderes

bei der Buche; es ist verschieden bei differenten Varietäten
derselben Art etc.

Endlich finde hier noch aus Göbel's Beiträgen zur
Morphologie und Physiologie des Blattes die Erklärung
Platz: „Dass die Seitenknospen nicht austreiben, so lange
die Gipfelknospe vorhanden ist, resp. kräftig wächst, das
hat seinen Grund offenbar in einer Beziehung beider, die
ich als Correlation des Wachsthums bezeichne."

Besonders deutlich und lehrreich tritt die hochgradige
Abhängigkeit der Theile von einander und vom Ganzen
hervor, wenn zwei verschiedene Pflanzenindividuen durch
Pfropfung zu einer neuen Individualität verbunden werden.
Um das Wachsthum eines Baumes zu beschränken und ihn
zu einem Zwergwuchs zu zwingen, hat man nur das Pfropf-
reis auf eine Unterlage einer verwandten, aber nur einen
Strauch bildenden Art zu transplantiren. Wird ein Birn-
reis auf die durch strauchartigen Wuchs ausgezeichnete
Quitte als Unterlage aufgepfropft, so wird sein vegetatives
Wachsthum sehr stark gehemmt; es bilden sich nur kurze
und schwächliche Laubsprosse; alle die kleinen Zwerg-
sorten von Birnen, die zu Spalieren, kleinen Pyramiden
benutzt werden oder als „Cordon" und Topfbäumchen in
den Handel kommen, würden nicht vorhanden sein, wenn
der Gärtner nicht eine Unterlage wie die Quitte besässe
(Vöchting). Durch die Beschränkung des vegetativen
Wachsthums wird aber gleichzeitig noch eine gesteigerte
und frühzeitig eintretende Fruchtbarkeit erzielt. Aehnliches lehren andere cultivirte Obstsorten (Aepfel, Apri-
kosen u. s. w.).

Auch die Widerstandsfähigkeit gegen äussere Einflüsse
und die Lebensdauer lässt sich auf diesem Wege verändern. Der Pistazienbaum (Pistazia vera), der in Frank-

reich cultivirt, bei einer Temperatur von mehr als —7,5⁰ erfriert, erträgt eine Kälte von 12,5⁰, wenn er auf P. terebinthus gepfropft wird. Ferner erreicht er, „als Sämling gezogen, ein Alter von höchstens 150 Jahren; auf P. Terebinthus gepfropft, steigt die Lebensdauer auf 200 Jahre, während sie mit P. Lentiscus als Grundstock verbunden, ungefähr 40 Jahre alt wird" (Vöchting).

Eine noch eigenthümlichere Correlation zeigen die von Vöchting an der Runkelrübe angestellten Experimente. „Ein mit noch nicht differenzirten Knospen besetztes Reis einer Runkelrübe gestaltet sich zu einem vegetativen Sprosssystem, wenn man es mit einer jungen, noch wachsenden Wurzel verbindet; es bildet dagegen einen Blüthenstand, wenn es im Frühjahr einer alten Rübe aufgesetzt wird."

Ebenso ist das thierische Wachsthum auf allen Entwicklungsstadien ein correlatives. Wenn ein Muskel sich besonders kräftig ausbildet, so ruft dies in zahlreichen anderen Theilen des Körpers entsprechende correlative Wachsthumsprocesse hervor; er veranlasst eine Zunahme im Caliber des den Muskel versorgenden Blutgefässes, des an ihn herantretenden Nervenzweiges, wodurch wieder centrale Stellen des Nervensystems beeinflusst werden. Ursprung und Ansatzsehnen und die dazu gehörigen Skelettheile müssen ebenfalls durch mehr oder minder sichtbare Veränderungen auf das verstärkte Wachsthum des Muskels reagiren. Somit gilt für den thierischen Körper im vollsten Maasse, was Nägeli und andere Physiologen von der Pflanze behaupten, dass alle verschiedenen Elemente des Körpers in beständiger und feinster Fühlung unter einander stehen.

In schönster Weise zeigt sich dies namentlich, wenn

wir das grosse und ausserordentlich interessante Gebiet des Dimorphismus und des Polymorphismus überblicken. Was man hier beobachtet hat, scheint mir zu lehren, wie durch correlative Entwicklung der einzelnen Theile sehr verschiedenartig geformte Endproducte aus ein und derselben Anlagesubstanz entstehen können, wenn dieselbe auf frühen Entwicklungsstufen ungleichen äusseren Einwirkungen ausgesetzt worden ist.

Zunächst einige Worte über den zumal in der Thierwelt ausserordentlich weit verbreiteten, geschlechtlichen Dimorphismus.

Fast alle Thierarten kommen in einer männlichen und einer weiblichen Geschlechtsform vor. Diese unterscheiden sich nicht nur dadurch, dass sie Eier oder Samenfäden hervorbringen, von einander, sondern oft durch zahlreiche, mehr oder minder auffällige Einrichtungen an diesen oder jenen Körpertheilen, Einrichtungen, die als Sexualcharaktere bezeichnet werden. Ja, zuweilen ist der Unterschied zwischen männlicher und weiblicher Form so gross, dass der Systematiker, wenn er nicht mit ihrer Entwicklungsgeschichte bekannt ist, sie als Repräsentanten verschiedener Gattungen, Familien oder gar Ordnungen wegen der grossen Unterschiede in ihrer Form bestimmen würde.

Als ein Beispiel, auf welches schon Hensen und Weismann aufmerksam gemacht haben, diene die Gephyree Bonellia. Das Männchen ist etwa 100 mal kleiner als das Weibchen, in dessen Athemhöhle es nach Art eines Parasiten lebt, und sieht im Ganzen eher wie eine Turbellarie als wie eine Gephyree aus. Trotzdem gleichen sich beide nicht nur im Ei-, sondern auch noch im Larvenzustand, und erst mit dem Uebergang zur Geschlechtsreife bilden sich die beträchtlichen Unterschiede zwischen beiden For-

men aus. Aehnliches lehren die Cirrhipedien mit Zwerg-
männchen.

Trotzdem sind die einander bald mehr bald minder
unähnlichen Geschlechtsthiere die Entwicklungsproducte
einer und derselben Anlagesubstanz. Denn diese selbst ist
von Haus aus geschlechtslos, d. h.: es giebt
weder eine männliche, noch eine weibliche
Form derselben. Das lehren die Erscheinungen der
Vererbung bei der geschlechtlichen Zeugung, namentlich
aber bei der Bastardbefruchtung. Durch Ei und Samenfaden werden sowohl vom männlichen als vom weiblichen
Erzeuger herrührende Charaktere übertragen. Bei Thieren
mit Jungfernzeugung bringen auf parthenogenetischem
Wege entwickelte Eier zu bestimmten Zeiten theils männliche, theils weibliche Individuen hervor. Ob sich die eine
oder andere Form entwickelt, hängt von äusseren Bedingungen, nicht aber von Unterschieden im
Bau der Anlagesubstanz selbst ab, in derselben
Weise, wie durch äussere (resp. correlative) Bedingungen entschieden wird, ob an einem Zweig
eine Knospe zu einem Laub- oder Blüthenspross,
zu einem Dorn oder einer Ranke etc. auswachsen
wird. Einflüsse der Ernährung, der Temperatur und
wahrscheinlich noch vielfach anderer Art bestimmen die
Anlagesubstanz, sich in dieser oder jener Richtung zu entwickeln.

Der ausgezeichnete französische Experimentator Maupas
ist bei Versuchen über die Bestimmung des Geschlechts zu sehr lehrreichen Ergebnissen bei Hydatina senta, einer Rotatorie, gelangt.

Bei Hydatina legen unter gewöhnlichen Verhältnissen
manche Weibchen nur Eier, welche wieder Weibchen

hervorbringen, andere Individuen dagegen nur Eier, aus welchen sich ausschliesslich Männchen entwickeln. Der Experimentator kann indessen durch Erhöhung oder Erniedrigung der Temperatur zur Zeit, wenn bei jungen Thieren die Eibildung im Eierstock im Gang ist, bestimmen, dass sich die Entwicklungsrichtung später zum männlichen oder weiblichen Typus vollzieht. Nach dieser Zeit ist dann allerdings der Charakter des Eies weder durch Ernährungsweise noch durch Licht oder Temperatur abzuändern.

In einem Experiment, bei welchem fünf noch nicht erwachsene Weibchen von Hydatina bei Zimmertemperatur (26—28° C.) gehalten wurden, erhielt Maupas unter 104 Eiern nur $3^0/_0$, welche sich zu Weibchen entwickelten, dagegen von fünf anderen Weibchen derselben Zucht, die in einen Kälteapparat gebracht wurden (14—15° C.), nicht weniger als $95^0/_0$. In einer anderen Versuchsserie wurden junge Thiere zuerst einige Tage bei niederer, alsdann bis zum Tode bei höherer Temperatur gezüchtet. Im ersten Fall bringen sie fast ausschliesslich Weibchen ($76^0/_0$), im letzteren Männchen hervor ($81^0/_0$).

Ein Pendant zu den bei Hydatina erhaltenen Versuchsergebnissen liefern manche Pflanzen. — Melonen und Gurken, welche an demselben Stamm männliche und weibliche Blüthen erzeugen, entwickeln bei hoher Temperatur nur die männliche, im Schatten und bei Feuchtigkeit dagegen nur die weibliche Form.

Bei vielen Insecten mit Parthenogenese fällt die Entscheidung über das Geschlecht der sich entwickelnden Eier mit dem Akt der Befruchtung zusammen. So werden bei den Bienen unbefruchtete Eier zu Drohnen, befruchtete zu Weibchen u. s. w.

Auch noch in anderer Richtung gewährt der geschlecht-

liche Dimorphismus einen tiefen Einblick in die weitgehende
Wechselbeziehung, die zwischen allen Theilen eines Organismus auf allen Stadien seiner Entwicklung besteht; denn
frühzeitige Entfernung oder Entartung der Geschlechtsdrüsen verhindert, wie bei Säugethieren und Vögeln bekannt ist, die normale Ausbildung der secundären Ge-
schlechtscharaktere, ja kann sogar zur Folge haben, dass
Merkmale des entgegengesetzten Geschlechts zum Vorschein
kommen. Alte Hennen werden hahnenfedrig; menschliche
Castraten behalten die hohe Stimmlage und Eigenthümlichkeiten des Kehlkopfs des weiblichen Geschlechts etc.

Wie der geschlechtliche Dimorphismus, belehrt uns
auch der Polymorphismus über den ungeheuren Einfluss, den äussere Bedingungen auf eine verschiedene
correlative Entwicklung der Theile und dadurch auf die
Formbildung ausüben.

Es verlohnt sich, gerade auf den Polymorphismus, der
sich in gewissen Thierstaaten und Thierstöcken zwischen
den einzelnen Individuen in höchstem Maasse ausgebildet
hat, noch etwas genauer einzugehen, einmal, weil dieses
Thema soeben den Gegenstand einer wichtigen Controverse
zwischen Weismann und Herbert Spencer geliefert
hat, und zweitens, weil es auch geeignet ist, noch weiteres
Licht auf die Verschiedenheit zu werfen, die zwischen der
von Weismann und mir vertretenen Auffassung des organischen Entwicklungsprocesses herrscht.

Bei den staatenbildenden Insecten entstehen aus den
Eiern ausser der männlichen und weiblichen Geschlechtsform auch noch geschlechtslose Individuen, die sogenannten
Neutra, welche unter Umständen von beiden sehr erheblich
abweichen können sowohl in ihrer Gestalt als auch besonders in ihren socialen Instincten.

Bei den Bienen haben wir die Königinnen, geschlechts-
reif gewordene Weibchen, die Arbeiterinnen, bei denen
die weiblichen Geschlechtstheile verkümmert und dieser
und jener Körpertheil, der Stachel, die Flügel, die Hinter-
beine mit ihren Anhängen zum Pollensammeln eigenartig
gestaltet sind, endlich die männlichen Bienen oder die
Drohnen.

Noch grössere Unterschiede von einander zeigen die
verschiedenen Glieder vieler Ameisen- und Termitenstaaten.
Ausser männlichen und weiblichen Individuen giebt es hier
auch geschlechtslose Arbeiterinnen, die bei vielen Arten
noch dazu in zwei Formen auftreten, als gewöhnliche Arbeiterinnen und als Soldaten. Die Abweichungen der drei oder
vier Formen unter einander äussern sich oft durch beträcht-
liche Unterschiede in ihrer Grösse, im Vorhandensein oder
Fehlen der Flügel, in Unterschieden der Sinneswerkzeuge,
des Gehirns, des Baues des Kopfes etc. Bei der gewöhnlichen Rasenameise, Solenopsis fugax, hat zum Beispiel das
Männchen, wie Weismann nach Angaben von Forel
citirt, mehr als 400 Facetten, das Weibchen etwa 200 und
die Arbeiterin nur 6—9. Manche Soldaten besitzen einen
ungewöhnlich grossen und schweren Kopf mit kräftig entwickelten Kiefern, in Folge dessen auch die dazu gehörige
Muskulatur eine sehr kräftige ist.

Da nun Arbeiterinnen und Soldaten sich wegen Verkümmerung ihrer Geschlechtsorgane nicht mehr durch sich
selbst fortpflanzen können, müssen sich die drei oder vier
Formzustände eines Ameisenstaates aus den Eiern entwickeln, die von den allein fruchtbaren Weibchen gelegt
werden. Weismann findet hierin den schlagendsten
Beweis für die Allmacht der Naturzüchtung, und
ich glaube wohl hinzufügen zu dürfen, auch für seine

Determinantenlehre. Er sagt: „Es giebt glücklicherweise Thierformen, welche sich nicht fortpflanzen, sondern immer wieder von Neuem von Eltern hervorgebracht werden, die ihnen nicht gleichen, und diese Thiere, die also nichts vererben können, haben sich trotzdem im Laufe der Erdgeschichte verändert, haben überflüssige Theile eingebüsst, andere vergrössert und umgestaltet, und diese Umgestaltungen sind zuweilen sehr bedeutende und verlangen die Veränderung vieler Theile des Körpers, weil diese Theile sich nach ihnen richten, mit ihnen in Harmonie stehen müssen." „Alle diese Veränderungen können nicht auf der Vererbung functioneller Abänderungen beruhen, da Arbeiterinnen sich nicht oder doch nur ganz ausnahmsweise fortpflanzen, sie können also nur durch Selection der Ameiseneltern entstanden sein, d. h. dadurch, dass immer diejenigen Eltern am meisten Aussicht auf Erhaltung ihrer Kolonie hatten, welche die besten Arbeiterinnen hervorbrachten; keine andere Erklärung ist denkbar. Darauf aber gerade, dass keine andere Erklärung denkbar ist, beruht überhaupt die Nothwendigkeit für uns, das Princip der Naturzüchtung anzunehmen."

Nach Weismann's Vorstellung „wird jeder Theil des Ameisenkörpers, der bei Männchen, Weibchen und Arbeiterinnen verschieden gebaut ist, durch dreifache (resp. vierfache) vicariirende Determinanten im Keimplasma vertreten sein, von denen immer nur eine bei der Entwicklung eines Eies zur Geltung, d. h. zur Ausbildung des betreffenden Körpertheils gelangt, die anderen aber inactiv bleiben!" Diesen Bau des Keimplasmas lässt Weismann durch Selection geschaffen werden. „Denn beim Ameisenstaat können die unfruchtbaren Individuen oder Organe des

Stockes nur durch Selection des Keimplasmas abgeändert
werden, aus dem der ganze Stock hervorgegangen ist. In
Bezug auf Selection verhält sich der ganze Stock wie ein
einziges Individuum; der Stock wird selectirt, nicht die
einzelnen Individuen, und seine Individuenarten verhalten
sich dabei ganz wie die Theile eines einzelnen Individuums
bei der gewöhnlichen Selection."

Nach der Stellung, welche ich in dieser Abhandlung
zur Keimplasmatheorie und zur Determinantenlehre eingenommen habe, liegt es auf der Hand, dass ich mit der
hier gegebenen Erklärung der Thatsachen nicht übereinstimmen kann. Zwar bezeichnet Weismann diese Erklärung als die einzig mögliche, die man denkbarer Weise
geben könne. „Denn für Anpassungen, meint er, seien
überhaupt für den Naturforscher nur zwei Möglichkeiten
à priori vorhanden, nämlich die Vererbung functioneller
Anpassung und Naturzüchtung. Da nun die erstere (wegen
der Unfruchtbarkeit der Arbeiterinnen und Soldaten) hier
ausgeschlossen werden könne, so bleibe nur die zweite
übrig."

Verhält es sich in Wirklichkeit so mit der von Weismann gestellten Alternative? Bleibt dem Naturforscher
keine andere Wahl frei?

Als ich die durch die Freundlichkeit des Verfassers
mir zugesandte „Allmacht der Naturzüchtung" las, war ich
keinen Augenblick in Zweifel, dass das für die Erklärung
der verschiedenen Formen der Insectenstaaten gegebene
„Entweder, oder" überhaupt nicht zutrifft. Denn es lässt
sich noch in einer dritten Richtung, die Weismann ganz
unberücksichtigt gelassen hat, eine Erklärung geben, und
diese Erklärung ist gewissermassen der Inhalt meiner ganzen
Abhandlung: „Unter verschiedenen äusseren Ein-

flüssen kann sich dieselbe Anlage zu verschiedenen Endproducten entwickeln."

Es freut mich, dafs diese Erklärung gleichzeitig von
zwei verschiedenen Forschern, von Herbert Spencer
und von Emery, als Antwort auf Weismann's „Allmacht
der Naturzüchtung" gegeben worden ist. Sowohl Emery,
ein Specialkenner der Ameisenmorphologie, als Herbert
Spencer, gestützt auf Angaben mehrerer englischer Naturforscher, suchen den Nachweis zu führen, dafs die Verschiedenheiten der Individuen eines Bienen-, Ameisen- oder
Termitenstaates lediglich hervorgerufen werden durch
äussere Einflüsse, welchen die Eier in Bezug auf Wohnung
und Nahrung während ihrer Entwicklung ausgesetzt
werden.

Wie durch Beobachtung und Experiment festgestellt
ist, sind die befruchteten Eier der Bienenkönigin fähig,
sowohl Arbeiterinnen als wieder Königinnen zu werden.
Es hängt dies lediglich davon ab, in welche Zellen des
Bienenkorbes die Eier gebracht und in welcher Weise sie
ernährt werden. In besonders grossen Zellen (Weichselwiegen)
und bei reichlicher Ernährung werden sie zu Königinnen,
bei knapper Kost in engeren Zellen zu Arbeiterinnen.
Es können sogar nachträglich Larven von Arbeiterinnen
durch reichlicheres Futter, wenn es noch zeitig genug geboten wird, in Königinnen umgewandelt werden.

In ähnlicher Weise lässt sich die Verschiedenheit bei
Termiten und Ameisen, wie sich Emery ausdrückt, als
ein Nahrungspolymorphismus erklären. So ist für
die Termiten dem italienischen Zoologen Grassi der Nachweis gelungen, dass diese Thiere es in ihrer Macht
haben, die Zahlenverhältnisse der Arbeiter
und Soldaten zu reguliren und letztere je nach

Bedürfniss zu züchten, ebenso wie sie die Geschlechtsreife anderer Individuen durch eine entsprechende Nahrung zur Erzeugung von Ersatzgeschlechtsthieren beschleunigen können.

Auch den Polymorphismus erklärt Emery aus allgemeinen Wachsthumsgesetzen des Insectenorganismus unter dem Einfluss verschiedener Bedingungen. Nach ihm beruht „die Arbeiterbildung auf einer besonderen Reactionsfähigkeit des Keimplasmas, welches auf die Einführung oder auf den Mangel gewisser Nährstoffe durch raschere Ausbildung gewisser Körpertheile und Zurückbleiben anderer in ihrer Entwicklung antwortet. Arbeiternahrung muss die Kiefer- und Gehirnentwicklung gegen die der Flügel und der Geschlechtstheile bevorzugen, Königinnennahrung umgekehrt." Zwischen der Verkümmerung der Geschlechtsdrüsen und der stärkeren Ausbildung des Kopfes findet eine Correlation statt, gerade so wie bei den Wirbelthieren zwischen der Entwicklung der Geschlechtsdrüsen und manchen secundären Sexualcharakteren. „Die Eigenschaften, durch welche sich die Arbeiter von den entsprechenden Geschlechtsthieren unterscheiden, sind also nicht angeboren, sondern nachträglich erworben."

Genau dieselbe Erklärung, wie Emery, hat gleichzeitig und unabhängig von ihm Herbert Spencer gegeben. Bei dieser Gelegenheit hat derselbe das von den Thierstaaten gelieferte Thatsachenmaterial auch noch zu einer treffenden Widerlegung der Weismann'schen Determinantenlehre benutzt. Durch sorgfältige Beobachter (Ch. Darwin, Emery etc.) wird nämlich angegeben, dass bei manchen Arten der Ameisen die verschiedenen

extremen Individuen durch Zwischenformen
allmählich in einander übergehen (viele Myrmiciden,
die meisten Camponotiden, Azteca nach Emery). Uebergänge finden sich sowohl in Bezug auf die Grössenverhält-
nisse, als auch hinsichtlich der Verkümmerung der Geschlechtsorgane und auch hinsichtlich der sehr verschiedenen
Structur ihrer Kiefer etc.

Spencer erklärt die Zwischenformen, was ich auch
für richtig halte, dadurch, dass die Entziehung der Nahrung
bei allen Eiern nicht zur selben Zeit während ihrer Entwicklung stattgefunden hat („it must happen that the stop-
page of feeding will be indefinite"). Somit bieten die
Zwischenformen für die Theorie der unmittel-
baren Bewirkung nicht die geringste Schwierigkeit. Wie kann sich aber die Determinantenlehre mit
ihnen abfinden?

„Wenn Weismann consequent sein will," bemerkt
hierzu Spencer, „muss er sagen, dass jede der Zwischenformen der Arbeiter ihre besondere Reihe von Determinanten haben muss, welche eine entsprechende Reihe von
Modificationen der Organe verursacht; denn er kann nicht
annehmen, dass, während vollkommene Weibchen und die
extremen Arbeitertypen ihre verschiedenen Reihen von
Determinanten haben, die Zwischenformen sie nicht haben.
Daher werden wir zu dem sonderbaren Schluss genötigt,
dass zu den deutlich unterschiedenen Reihen von Determinanten noch, um die Zwischenformen hervorzurufen,
manche andere weniger unterschiedene Reihen — ein
Schock oder mehr Arten von Keimplasmen zu den vier
Hauptarten — hinzukommen müssen. Ausserdem führt eine
Ueberlegung zu dem noch viel merkwürdigeren Schluss,
dass diese zahlreichen Arten von Keimplasmen, welche die

zahlreichen Zwischenformen erzeugen, nicht nur unnöthig, sondern sogar schädlich sind, dass sie Formen erzeugen, die nicht gut angepasst sind für eine der Functionen, die von den extremen Formen ausgeübt werden. Die Nutzanwendung ist, dass Naturzüchtung diese unvortheilhaften Formen geschaffen hat! Wenn aber Weismann, um diesem nothwendigen Selbstmord zu entrinnen, den Schluss annimmt, dass die Verschiedenheiten zwischen den zahlreichen Zwischenformen durch beschränkte Fütterung der Larven auf verschiedenen Stadien bedingt sind, dann ist er auch zur Annahme verpflichtet, dass die Verschiedenheiten zwischen den extremen Formen und zwischen diesen und den vollkommenen Weibchen in ähnlicher Weise verursacht sind. Thut er dies, was wird dann aus seiner Hypothese, dass die verschiedenen Kasten constitutionell verschieden und das Resultat der Wirkung natürlicher Zuchtwahl sind?"

Nach den von mir ausführlich entwickelten Gedankengängen habe ich zu der Kritik von Spencer kaum noch etwas hinzuzufügen. Es handelt sich bei dem ganzen Verfahren von Weismann auch hier um den schon mehrfach betonten principiellen Fehler, dass Weismann etwas, was als äussere Bedingung zum Entwicklungsprocess hinzutritt, in die Anlage selbst als einen ihrer Bestandtheile hinein verlegt, also den wichtigen Unterschied zwischen Anlage und Bedingung ganz übersehen hat.

Für mich hat die Natur in den polymorphen Thierstaaten gleichsam eine Reihe höchst wichtiger Experimente angestellt, welche deutlich lehren, dass dieselbe Anlagesubstanz unter dem Einfluss verschiedener äusserer Bedingungen sehr verschiedenartige Formen aus sich erzeugen kann. Wenn aus der indifferenten Anlagesubstanz eines Insecteneies je nach diesem oder jenem Einfluss ein männliches oder weibliches Thier oder eine Arbeiter- oder Soldatenform hervorgeht, so ist dieser Process principiell nichts anderes und bietet für das Verständniss keine im Princip grösseren Schwierigkeiten dar, als wenn der Experimentator an einer Pflanze aus einer indifferenten Knospe je nach den Bedingungen einen Laub- oder Blüten-spross, einen Dorn oder eine Wurzel hervorrufen kann, oder wenn er durch einen Einschnitt bei Cerianthus einen zweiten und dritten Mund mit Tentakelkränzen oder bei Cione einen Mund garnirt mit Augenflecken willkürlich entstehen lässt.

Nachdem wir durch die vorausgegangenen Betrachtungen glauben festgestellt zu haben, dass zahlreiche Verhältnisse, welche Weismann als Determinanten in die Eizelle selbst verlegt hat, vielmehr ausserhalb derselben zu suchen sind; nachdem ferner die hauptsächlichsten Factoren des Ent-wicklungsprocesses in ihrer Bedeutung besprochen worden sind, 1) die Vermehrung der Zellen durch Theilung (Function des Wachsthums als formbildendes Princip); 2) die Be-ziehungen der Zellen zur äusseren Umgebung (Functionen des Ortes im weitesten Sinne) und 3) die Wechselbeziehungen der Theile eines Ganzen (Zellen, Gewebe und Organe) zu einander und zum Ganzen (correlative Entwicklung), wäre jetzt noch etwas näher auf die Frage einzugehen, in wie weit denn schliesslich die Anlagesubstanz der Zelle selbst auf den Entwicklungsgang des Ganzen bestimmend einwirkt. Hier ist denn vor allen Dingen als der Zelle eigenthümlich hervorzuheben die specifische Art und Weise, mit welcher sie auf die ver-schiedenen sie treffenden Reize unter den verschiedenen

Bedingungen reagirt. Gleiche Reize rufen bei verschiedenen Organismen oft eine sehr verschiedene Reizwirkung hervor. Dieser Unterschied
kann naturgemäss von nichts Anderem als von
der verschiedenen Natur (von der verschiedenen Micellarstructur) der reizbaren Substanz
bedingt sein.

In treffender Weise bemerkt hierzu Sachs:

„Wenn die gleiche äussere Ursache genau entgegengesetzte Effecte an einem Organ hervorruft, so kann die
Erklärung dafür eben nur in der verschiedenen Structur
der Organe gesucht werden: Wenn ein Organ bei einseitiger
Beleuchtung sich auf der der Lichtquelle zugekehrten Seite
concav, ein anderes dagegen sich convex krümmt, so kann
die Ursache nur in der inneren Structur des Organs liegen.
Aber gerade auf derartigen Verschiedenheiten der Structur
beruht überhaupt die grosse Mannigfaltigkeit der Reactionen,
welche die verschiedensten Pflanzenorgane gegenüber gleichen
äusseren Einflüssen geltend machen, und im Grunde hängt
Alles, was wir die Biologie, die Lebensweise der Organismen
nennen, davon ab, dass verschiedene Organe gegen gleichartige äussere Einwirkungen verschieden reagiren, verschieden nicht nur in qualitativer, sondern auch in
quantitativer Hinsicht mit feinsten Abstufungen in beiden
Fällen."

So entwickeln sich zum Beispiel unter dem Einfluss
des Bodens und der Schwerkraft bei den Keimen der
Pflanzen Wurzeln am basalen Ende. Von der specifischen
Structur der organischen Substanz der einzelnen Arten aber
hängt es ab, in welcher besonderen Form sich das ganze
Wurzelsystem ausbildet, ob es sich oberflächlich im Boden
ausbreitet oder mehr in die Tiefe hinabsenkt, ob die

·Wurzeln ein rascheres oder langsameres Wachsthum zeigen, ·ob sie diese oder jene Verzweigungsform annehmen, ob sie besondere Organe wie Knollen etc. an sich zur Ausbildung bringen.

Auch von unserem Standpunkt aus bedürfen wir zur Erklärung des Entwicklungsprocesses der einzelnen Organismenarten verschiedener Arten von Anlagesubstanzen, die eine ausserordentlich hohe Organisation besitzen und vermöge derselben in specifischer, das heisst: ihrer Art entsprechender Weise auf das Feinste auf alle äusseren und inneren Reize reagiren, von denen sie an den verschiedenen Punkten des durch Zelltheilung wachsenden Organismus getroffen werden.

In diesem Sinne können wir mit Nägeli sagen: „Die Eizellen enthalten alle wesentlichen Merkmale ebenso gut wie der ausgebildete Organismus, und als Eizellen unterscheiden sich die Organismen nicht minder von einander als im entwickelten Zustande. In dem Hühnerei ist die Species ebenso vollständig enthalten als im Huhn, und das Hühnerei ist von dem Froschei ebenso weit verschieden, als das Huhn vom Frosch.“ Wie Mensch, Nagethier, Wiederkäuer und wirbelloses Thier in ihrer Organisation mehr oder minder tiefgreifende, uns äusserlich wahrnehmbare Unterschiede darbieten, so müssen auch die von ihnen abstammenden Geschlechtszellen, in sofern sie die Anlagen des späteren ausgebildeten Zustandes darstellen, durch die Beschaffenheit der Anlagen in entsprechender Weise von einander unterschieden sein, nur dass die unterscheidenden Momente jetzt auf einem unserer Wahrnehmung noch verschlossenen Gebiete liegen.

9*

In der Annahme einer specifisch und zwar schon sehr hoch organisirten Anlagesubstanz als Ausgang für die Entwicklung stimmen wir mit den Evolutionisten überein; aber wir haben im Besonderen von dieser Substanz eine ganz andere Vorstellung als sie, indem wir ihr nur Eigenschaften, die mit dem Begriff und dem Charakter der Zelle zu vereinbaren sind, nicht aber die zahllosen Eigenschaften zuschreiben, die erst durch Vereinigung vieler Zellen unter Mitwirkung äusserer Bedingungen hervorgerufen werden.

Haacke hat in seinem kürzlich erschienenen Buch: Gestaltung und Vererbung, einen Zweifel laut werden lassen, ob nicht meine Auffassung der Entwicklung selbst eine praeformistische sei: „Für den Begriff des Praeformismus komme es nicht darauf an, dass man im Keim ein mikroskopisches Abbild des fertigen Organismus erblickt, sondern man brauche nur, wie Hertwig es thut, eine vorgebildete Anordnung qualitativ vorgebildeter Idioblasten in der Gesammtanlage anzunehmen, um mit vollen Segeln in den Hafen des Praeformismus hineinzusteuern."

Dem gegenüber kann ich nur betonen, dass meine Stellung eine vermittelnde ist, ebenso wie die Stellung von Nägeli, von de Vries, Driesch u. A., indem wir, was in der Lehre von der Evolution und Epigenese gut und brauchbar ist, aus beiden herauszuziehen und zu verschmelzen gesucht haben.

Evolutionistisch kann man die Theorie nennen, weil sie als Grundlage des Entwicklungsprocesses schon eine specifisch und hoch organisirte Anlagesubstanz annimmt, epigenetisch dagegen ist sie, in sofern nur durch Erfüllung zahlloser Bedingungen, zu denen ich namentlich auch die mit der ersten Zelltheilung beginnenden chemischen Processe hinzurechne, die Anlage allmählich von Stufe zu Stufe sich umgestaltend wächst, um schliesslich zum fertigen Entwicklungsproduct zu werden, das von seiner ersten Anlage so verschieden ist, wie die ausgebildete Pflanze und das ausgebildete Thier von der sie aufbauenden Zelle.

Um meine Vorstellung von der Natur des organischen Entwicklungsprocesses, besonders von dem Verhältniss zwischen Anlage und Anlageproduct noch klarer zu stellen, komme ich zum Schluss auf den schon einmal gemachten Vergleich des menschlichen Staates mit einem Organismus zurück.

Wie der Mensch aus der Eizelle auf dem Wege der Vermehrung und Differenzirung der Zellen entsteht, so hat der menschliche Staat, als ein noch höher zusammengesetzter Organismus wieder den einzelnen Menschen zum Ausgangspunkt und zur Grundlage.

Was man als Cultur und Civilisation bezeichnet, ist ein wunderbar complicirtes Product, entstanden durch das Zusammenwirken vieler gesellschaftlich verbundener Menschen. Lediglich durch ihre Vervielfältigung und Vereinigung haben die Menschen im Staat eine höhere Mannigfaltigkeit erzeugt, die der auf sich angewiesene Mensch nie aus seinen Eigenschaften hätte entwickeln können, welche aber entstanden ist, sowie dieselben Eigenschaften vieler Menschen combinirt zur Wirkung gebracht worden sind.

In derselben Weise ist die auf Wachsthum und Zellbildung beruhende Potenzirung der Eizelle zugleich auch die unerschöpfliche Ursache für Hervorbringung neuer Mannigfaltigkeit, indem die sich vermehrenden, zu einem höheren Ganzen verbundenen Einzelsysteme in immer neue und verschiedenartige Beziehungen zu einander treten und so den Ausgang für neue Kraftcombinationen, für neue Eigenschaften abgeben.

In beiden Fällen beruht der Entwicklungsprocess hier der Eizelle zum Menschen, dort des Menschen zum Staat auf Epigenese und nicht auf Evolution.

Der Vergleich lässt sich noch nach verschiedenen Richtungen mehr ins Einzelne verfolgen.

Die mannigfaltigere und höhere Organisation in der menschlichen Gesellschaft wird dadurch erreicht, dass von den zahlreichen Einzelindividuen mit ihren verschiedenen menschlichen Anlagen das eine mehr diese, ein anderes mehr jene Anlagen ausbildet und dementsprechend auch verschiedene Leistungen verrichtet. Die besondere Differenzirung, welcher das Einzelindividuum unterliegt, wird vorzugsweise durch die besondere Stellung, welche es in dem grösseren Ganzen einnimmt, nicht aber durch eine besondere, ihm von Hause aus zukommende, wesentlich verschiedene Organisation hervorgerufen. Neben den zur Ausbildung vorzugsweise gelangten Anlagen bleiben noch die anderen dem Menschen eigenthümlichen Anlagen in mehr oder minder schlummerndem Zustande bestehen, die unter anderen Bedingungen, unter anderen Lebensverhältnissen zur Entfaltung gelangen können.

In ähnlicher Weise erfolgt die Differenzirung im vielzelligen Organismus. Von den zahlreichen Anlagen, welche von Haus aus jede Zelle durch erbgleiche Theilung vom Ei erhalten hat, lässt sie bald diese bald jene zur Entfaltung kommen, je nach dem Ort, an welchen sie während

des Entwicklungsprocesses im Bereich des Gesammtorganismus gebracht wird, und je nach den besonderen Beziehungen,
in welchen sie sich hierdurch zum Ganzen befindet. So
nimmt sie hier den Charakter der Oberhaut-, dort der
Darmdrüsenzelle, hier der Muskel-, dort der Sinnes- und
Nervenzelle an; hier vermittelt sie als Blutzelle die Ernährung und Athmung, dort dient sie als Knorpel und
Knochen zur Stütze.

So wird der Zelle während des Entwicklungsprocesses
von Aussen heraus, durch ihr besonderes Lageverhältniss
zum Ganzen, nicht aber von Innen heraus im Sinne der
Determinantenlehre allmählich ein besonderer Charakter
aufgeprägt. Sie entwickelt die Eigenschaften, die ihr Verhältniss zur Aussenwelt und ihre Stellung im Gesammtorganismus erfordert.

Hierbei muss noch besonders hervorgehoben werden,
dass die Unterordnung der Zellen unter das Ganze bei den
zusammengesetzten Thieren und Pflanzen eine unendlich
viel grössere ist als im menschlichen Staat. Denn in
diesem erscheinen die einzelnen Individuen räumlich vollständig von einander getrennt und selbstständig und werden
nur durch sociale Beziehungen mit einander verbunden.
Wenn man trotzdem sieht, wie in einem menschlichen
Culturstaat das anscheinend so souveräne Individuum doch
Schritt für Schritt in seinen Handlungen bedingt wird, wie
jede Veränderung im Gesammtzustand des Staates auf
Stimmungen, Willensentschliessungen, Lebensweise (Wohnung, Nahrung, Unterricht, Gesundheit) desselben seinen
Einfluss ausübt, wie viel mehr muss diese Beherrschung
vom Ganzen und die Unterordnung unter dasselbe beim
pflanzlichen und thierischen Organismus der Fall sein, wo
wir Zelle unmittelbar an Zelle angrenzen, ja in den meisten

Fällen sogar durch protoplasmatische Verbindungen unmittelbar stofflich in einander übergehen sehen. Hier erscheint die Selbständigkeit der Zellen als Elementarorganismen so aufgehoben, dass sie nur noch als untergeordnete, in Abhängigkeit vom Ganzen functionirende Theile erscheinen.

Und noch ein Punkt wird durch unseren Vergleich in ein helleres Licht gestellt, nämlich das Verhältniss zwischen der specifischen Natur der Anlage auf der einen und des Anlageproductes auf der anderen Seite.

Die abweichende Organisation und Beschaffenheit verschiedener Thierstaaten lässt sich erklären aus den Besonderheiten der Thierarten, aus welchen sie sich aufbauen: der Bienen- oder Ameisenstaat aus den Eigenschaften der Bienen und Ameisen, der menschliche Staat aus den Eigenschaften des Menschen; und letzterer fällt wieder verschieden aus, je nachdem Romanen, Germanen, Slawen, Türken, Chinesen, Neger etc. sein Bildungsmaterial sind. So hängt es auch von der specifischen Organisation der Zelle ab, welche Thierart aus ihr entstehen wird.

Indem unsere Theorie eine hoch und specifisch organisirte Anlagesubstanz verlangt, diese selbst aber sich auf epigenetischem Wege in der genauer auseinandergesetzten Weise zum Endproduct umwandeln lässt, wird durch sie der Gegensatz zwischen Evolution und Epigenese in einem gewissen Maasse ausgeglichen, jener Gegensatz, der in früheren Jahrhunderten in schroffster Weise ausgeprägt war.

Im Uebrigen überlässt es unsere Theorie der Forschung, für alle die zahllosen Einzelprobleme, welche der Entwicklungsprocess eines Organismus enthält, nach einer Erklärung zu suchen. In diesem Punkte unterscheidet sie sich von der Determinantenlehre Weismann's, welche

uns gleich ein geschlossenes System bietet, in welchem sich
für alles und jedes eine formale Erklärung findet. Allerdings ist, bei Lichte betrachtet, diese Art der Erklärung
mehr ein Verzicht auf eine Erklärung. Denn es wird mit
Formeln und Zeichen erklärt, die sich der Wahrnehmung
und dem Experimente entziehen und daher nicht Gegenstand einer objectiven Forschung sein können. Mit denselben wird aber nicht mehr als eine Umschreibung dessen
gegeben, was sich unter unseren Augen in der Entwicklung
vollzieht. Um mehr als eine blosse Umschreibung zu sein,
müsste die Erklärung im Stande sein, zu zeigen, wie in
jedem Fall die Biophoren und Determinanten und Idanten
und Ahnenplasmen beschaffen und in der Architektur des
Keimplasma angeordnet sein müssen, damit die Entwicklung
einer Eizelle in dieser oder jener Weise ablaufen muss.
Sie müsste uns wenigstens die Möglichkeit eröffnen, das
Beispiel der Chemiker mit ihren Structurformeln nach-
zuahmen. Niemand wird bei dem jetzigen Stand unseres
Wissens einen solchen Weg für aussichtsvoll halten. Die
Determinantenlehre hat die Räthsel, welche wir durch
Untersuchung der Eigenschaften der sichtbaren Formen
wenigstens theilweise zu enthüllen hoffen dürfen, einfach
auf ein unsichtbares Gebiet hinübergespielt, auf welchem
es für die Forschung überhaupt keinen Angriffspunkt giebt.
So bleibt sie ihrem ganzen Wesen nach unfruchtbar für
die Forschung, welcher sie keinen gangbaren Weg zu
weisen im Stande ist; sie gleicht in dieser Beziehung ihrer
Vorläuferin, der Präformationstheorie des 18ten Jahrhunderts.

Anmerkungen und Literaturnachweise.

1) (S. 4). Caspar Friedr. Wolff, Theoria generationis 1759, auch Deutsch herausgegeben.

2) (S. 6). Wilhelm Roux, Zur Orientirung über einige Probleme der embryonalen Entwicklung. Zeitschrift für Biologie. Bd. XXI. 1885.

3) (S. 8). Die unseren Gegenstand betreffenden Schriften Weismann's, auf welche in dieser Abhandlung öfters Bezug genommen wird, sind folgende: Weismann, Ueber die Dauer des Lebens 1881. Ueber Vererbung 1883. Ueber Leben und Tod 1884. Die Continuität des Keimplasmas als Grundlage einer Theorie der Vererbung 1885. Zur Frage nach der Unsterblichkeit der Einzelligen. Biologisches Centralblatt. Bd. IV. 1884 85. Ueber die Zahl der Richtungskörper und über ihre Bedeutung für die Vererbung 1887. Das Keimplasma. Eine Theorie der Vererbung 1892. Die Allmacht der Naturzüchtung. Eine Erwiderung an Herbert Spencer 1893.

4) (S. 12). Ideengänge, deren consequente Weiterentwicklung in dieser Schrift versucht wird, findet man besonders in folgenden, von mir oder gemeinsam mit Richard Hertwig herausgegebenen Abhandlungen: 1) Oscar und Richard Hertwig, Die Actinien, anatomisch und histologisch mit besonderer Berücksichtigung des Centralnervensystems untersucht. Jena 1879. S. A. 203—217. 2) Oscar Hertwig, Das Problem der Befruchtung und der Iso-

tropie des Eies, eine Theorie der Vererbung. Jena 1884. 3) Vergleich der Ei- und Samenbildung bei Nematoden. Arch. f. mikrosk. Anatomie. Bd. XXXVI. 1890. S. bes.: Zweiter Abschnitt. Celluläre Streitfragen. S. 77—128. 4) Urmund und Spina bifida. Eine vergleichend morphologische, teratologische Studie an missgebildeten Froscheiern. Arch. f. mikrosk. Anatomie. Bd. XXXIX. 1892. S. bes. S. 476—492. Unter welchen Bedingungen können aus einer einfachen Eizelle mehrfache Anlagen hervorgehen? 5) Aeltere und neuere Entwicklungstheorien. Ein Vortrag. Berlin 1892. 6) Die Zelle und die Gewebe. Grundzüge der allgemeinen Anatomie und Physiologie 1893. Bes. Kapitel IX: Die Zelle als Anlage eines Organismus (Vererbungstheorien). 7) Ueber den Werth der ersten Furchungszellen für die Organbildung des Embryo. Arch. f. mikrosk. Anatomie. Bd. XLII. 1893.

Von Forschern, welche sich besonders mit der Theorie der organischen Entwicklung beschäftigt haben, und auf welche bald hier bald da von mir Bezug genommen wird, nenne ich: Herbert Spencer, Die Principien der Biologie. Uebersetzt von Vetter 1876. Darwin, Provisorische Hypothese der Pangenesis in: Das Variiren der Thiere und Pflanzen im Zustande der Domestication. Bd. II. Kap. 27. Haeckel, Die Perigenesis der Plastidule. Weismann l. c. Anm. 3. C. v. Nägeli, Mechanisch-physiologische Theorie der Abstammungslehre. München 1884. Strasburger, Neue Untersuchungen über den Befruchtungsvorgang bei den Phanerogamen als Grundlage für eine Theorie der Zeugung 1884. H. de Vries, Intracellulare Pangenesis. W His, Unsere Körperform und das physiologische Problem ihrer Entstehung 1874. W. Roux l. c. Anm. 2 und 8 (Mosaiktheorie). Driesch l. c. Anm. 7.

5) (S. 28). Gegen die Weismann'schen Hypothesen haben sich schon entschieden ausgesprochen: 1) W. Haacke, Gestaltung und Vererbung. Leipzig 1893. 2) Herbert Spencer: A rejoinder to Professor Weismann, Contemporary review 1893. 3) Romanes, Eine kritische Darstellung der Weismann'schen Theorie 1893.

6) (S. 31). Trotz der Einwände von Bergh, Verworn, Haacke halte ich nach wie vor an der Hypothese fest, dass im Kern der Geschlechtszellen die Erbmasse oder Anlagesubstanz (Idioplasma) enthalten ist, und ich begründe diese Hypothese namentlich durch die in meinem Lehrbuch die Zelle (S. 276) auseinandergesetzten vier Gesichtspunkte: 1) Die Aequivalenz der männlichen und der weiblichen Erbmasse. 2) Die gleichwerthige Vertheilung der

sich vermehrenden Erbmasse auf die aus dem befruchteten Ei hervorgehenden Zellen. 3) Die Verhütung der Summirung der Erbmasse.
4) Die Isotropie des Protoplasma.

Unter Isotropie des Protoplasma verstehe ich mit Pflüger
die Erscheinung, dass im Dotter des Eies keine besonderen organbildenden Keimbezirke vorhanden sind, sondern dass ein bestimmtes
Stück Dottersubstanz je nach den Bedingungen in verschiedener
Weise für den Aufbau des Embryo verwandt werden kann. Der
Satz von der Isotropie ist also nur die Negation der von His ausgebildeten Lehre der organbildenden Keimbezirke, und insofern ver-
trägt er sich recht wohl, ohne seine Berechtigung zu verlieren, mit
der Thatsache, dass viele Eier polar differenzirt sind und dass
andere vielleicht sogar eine ausgeprägt bilateral symmetrische
Organisation besitzen, und dass durch diese Differenzirungen des
Eiinhaltes der Ablauf der ersten Entwicklungsprocesse sein ganz
bestimmtes Gepräge erhält.

Als ein fünfter Gesichtspunkt zu Gunsten der Hypothese, dass
der Kern der Träger der Anlagesubstanz ist, lässt sich auch noch
die Thatsache verwenden, dass bis zum Beginne der histologischen
Differenzirung der ganze Entwicklungsprocess des Eies vorzugsweise
nur in einer continuirlichen Vermehrung der Kernsubstanz und in
einer gesetzmässigen Vertheilung der Kerne im Eiraum besteht,
wobei sich die Dottermasse zu Zellen um sie absondert. Man vergleiche S. 89—96 und S. 101—102.

7) (S. 47). In dem Abschnitt über Heteromorphose beziehe ich
mich auf folgende, der neuesten Zeit angehörige Schriften: Loeb,
Untersuchungen zur physiologischen Morphologie der Thiere. Organbildung und Wachsthum. Heft 1 und 2. 1891 und 1892. H. de
Vries, Intracellulare Pangenesis 1889. H. Driesch, Entwicklungsmechanische Studien. I—VI. Zeitschrift f. wissenschaftl. Zool.
Bd. LIII, LV. Derselbe, Zur Theorie der thierischen Formbildung. Biologisches Centralblatt. Bd. XIII. 1893. Chabry, Con-
tribution à l'embryologie normale et tératologique des Ascidies
simples. Journ. de l'anat. et de physiol. 1887. Wilson, Amphioxus
and the mosaik theory. Journal of Morph. 1893. Auch anatomischer
Anzeiger 1892.

8) (S. 54). Die Mosaiktheorie wurde von Roux experimentell
zu begründen versucht in der Schrift: Ueber die künstliche Hervorbringung halber Embryonen durch Zerstörung einer der beiden
ersten Furchungskugeln,   über die Nachentwicklung (Post-

generation) der fehlenden Körperhälfte. Virchow's Archiv. Bd. CXIV. 1888.

Gegenüber den von Driesch und mir erhobenen Einwürfen sucht Roux seine Mosaiktheorie zu vertheidigen in den Aufsätzen: 1) Ueber das entwicklungsmechanische Vermögen jeder der beiden ersten Furchungszellen des Eies. Verhandl. der anat. Gesellsch. der 6ten Versamml. in Wien 1892. 2) Ueber Mosaikarbeit und neuere Entwicklungshypothesen. Anatomische Hefte von Merkel und Bonnet 1893. Ferner im biologischen Centralblatt 1893; im anatom. Anzeiger 1893 und schliesslich zuletzt in der Gegenschrift: Die Methoden zur Erzeugung halber Froschembryonen und zum Nachweis der Beziehung der ersten Furchungsebenen des Froscheies zur Medianebene des Embryo. Anatom. Anzeiger 1894 Nr. 8 und 9.

Wenn Roux sich in dieser letzteren Schrift verwahrt, in die Reihe der Evolutionisten gerechnet zu werden, so muss er seine Mosaiktheorie, den Gegenstand unserer Controverse, fallen lassen, was bis jetzt noch nicht geschehen ist. Meinen Standpunkt in der Sache glaube ich in dem vorliegenden Essay jetzt auch in theoretischer Hinsicht noch tiefer begründet zu haben, nachdem ich auf Grund von Experimenten, von deren richtiger Deutung ich trotz der Gegenrede von Roux überzeugt bin, mich gegen die Gültigkeit der Mosaiktheorie ausgesprochen habe.

9) (S. 61). Das Genauere über das mitgetheilte Experiment findet man: Hertwig, Ueber den Werth der ersten Furchungszellen für die Organbildung des Embryo. Experimentelle Studien am Frosch- und Tritonei. Archiv f. mikrosk. Anatomie. Bd. XLII. 1893. S. 710. Tafel XXXXI. Fig. 1, 2, 27.

10) (S. 62). Wegen der in diesem Abschnitt mitgetheilten Thatsachen verweise ich besonders auf die Schriften von Vöchting Bert, Ollier, Trembley, Landois, Ponfick u. A.: H. Vöchting, Ueber Transplantation auf Pflanzenkörper. Untersuchungen zur Physiologie und Pathologie. Tübingen 1892. v. Gärtner, Versuche und Beobachtungen über die Bastarderzeugung im Pflanzenreich 1849. Léopold Ollier, Recherches expérimentales sur la production artificielle des os au moyen de la transplantation du périoste etc. Journal de la physiologie de l'homme et des animaux J. II. 1859. pag. 1, 169, 468. Derselbe, Recherches expérimentales sur les greffes osseuses. Ebenda T. III, pag. 88. 1860. P. Bert, Recherches expérimentales pour servir à l'histoire de la vitalité propre des tissus animaux. Annales des sciences naturelles Ser. V.

Zoologie T. V. 1886. v. Recklinghausen, Die Wiedererzeugung (Regeneration) und die Ueberpflanzung (Transplantation). Handbuch d. allgem. Pathologie des Kreislaufs aus Deutsche Chirurgie. 1883. Trembley, Mémoires pour servir à l'histoire d'un genre de Polypes d'eau douce 1744.

    Landois, Die Transfusion des Blutes. Leipzig 1875. Adolf Schmitt, Ueber Osteoplastik in klinischer und experimenteller Beziehung. Arbeiten aus der chirurgischen Klinik der Königl. Universität Berlin. Ponfick, Experimentelle Beiträge zur Lehre von der Transfusion etc. Virchow's Archiv. Bd. LXII. Beresowsky, Ueber die histologischen Vorgänge bei der Transplantation von Hautstücken auf Thiere einer anderen Species. Ziegler's Beiträge zur pathologischen Anatomie und zur allgemeinen Pathologie. Jena 1893.

    11) (S. 97). Im zweiten Theil ist namentlich auf folgende Schriften Bezug genommen: C. v. Nägeli, Mechaniseh-physiologische Theorie der Abstammungslehre 1884. Hertwig, Oscar, Lehrbuch der Entwicklungsgeschichte des Menschen und der Wirbelthiere. 4. Aufl. Sachs, Julius, Vorlesungen über Pflanzenphysiologie. Leipzig 1882. Vöchting, Ueber die Theilbarkeit im Pflanzenreich und die Wirkung innerer und äusserer Kräfte auf Organbildung an Pflanzentheilen. Pflüger's Archiv, Bd. XV, 1877. Derselbe, Ueber Organbildung im Pflanzenreich. Heft 1 und 2. Bonn 1878 und 1884. Goebel, Beiträge zur Morphologie und Physiologie des Blattes. Bot. Zeit. 1880. Pflüger, Die teleologische Meehanik der lebendigen Natur. Bonn 1877. Maupas, Sur le déterminisme de la sexualité chez l'hydatina senta. Comptes rendus des séances de l'académie des sciences. Paris 1891. Weismann, Die Allmacht der Naturzüchtung. Eine Erwiderung an Herbert Spencer. Jena 1893. Herbert Spencer, A rejoinder to Professor Weismann. Contemporary review. 1893. Derselbe, Die Unzulänglichkeit der „natürlichen Zuchtwahl". Biologisches Centralblatt, Bd. XIV, Nr. 6. Emery, Die Entstehung und Ausbildung des Arbeiterstandes bei den Ameisen. Biologisches Centralblatt, Bd. XIV, Nr. 2, 1894. Haacke, Gestaltung und Vererbung 1894.

    12) (S. 109). Die Annahme einer erbgleichen Theilung schliesst nicht die Annahme ein, dass die Anlagesubstanz deswegen etwas Unveränderliches ist. Wenn ich auch im Theilungsprocess kein Mittel erblicke, das Idioplasma in verschiedene Determinantengruppen auseinanderzulegen, so ist doch nach meiner Auffassung, welche auch in diesem Punkt mit derjenigen   Nägeli übereinstimmt,

das Idioplasma nur etwas relativ Stabiles. Aeussere und innere mit einer gewissen Stetigkeit einwirkende Ursachen können seine Organisation langsam verändern. So können einerseits die Eigenschaften der Fortpflanzungszellen (resp. ihres Idioplasmas) im Laufe von Generationen etwas andere werden, auf der anderen Seite aber können auch die Idioplasmen von Zellgruppen eines Organismus, die in Folge ihrer verschiedenen örtlichen und functionellen Stellung in dem durch Arbeitstheilung differenzirten Ganzen sich dauernd unter ungleichen Bedingungen befinden, in gewissem Maasse einen Localcharakter aufgeprägt erhalten, wie im menschlichen Staat Individuen, die einen Beruf einseitig ihr Leben lang ausüben.

Die Lehre der erbgleichen Zelltheilung tritt somit nicht in Conflict mit den Erfahrungen der pathologischen Anatomen etc., dass bei Regenerationsprocessen die einzelnen Gewebe im Allgemeinen nur wieder Gewebe ihrer Art erzeugen können. Man vergleiche hierüber auch meine Schrift: „Ei- und Samenbildung bei Nematoden". S. 97—99. Diese wenigen Andeutungen werden zur Vermeidung von Missverständnissen genügen.